人人都要学的财报分析

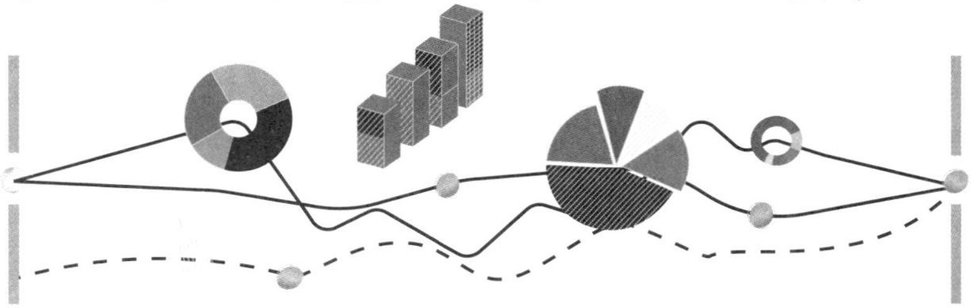

苏 斌 著

中国铁道出版社有限公司
CHINA RAILWAY PUBLISHING HOUSE CO., LTD.

图书在版编目(CIP)数据

人人都要学的财报分析/苏斌著. —北京:中国铁道出版社有限公司,2022.5
ISBN 978-7-113-28966-9

Ⅰ.①人… Ⅱ.①苏… Ⅲ.①会计报表-会计分析 Ⅳ.①F231.5

中国版本图书馆CIP数据核字(2022)第041698号

书　　名: 人人都要学的财报分析
RENREN DOU YAO XUE DE CAIBAO FENXI
作　　者: 苏　斌

策划编辑: 王　佩
责任编辑: 王　宏　　**编辑部电话:** (010)51873038　　**电子邮箱:** 17037112@qq.com
封面设计: 仙　境
责任校对: 焦桂荣
责任印制: 赵星辰

出版发行: 中国铁道出版社有限公司(100054,北京市西城区右安门西街8号)
印　　刷: 北京柏力行彩印有限公司
版　　次: 2022年5月第1版　2022年5月第1次印刷
开　　本: 710 mm×1 000 mm 1/16　**印张:** 14.75　**字数:** 212千
书　　号: ISBN 978-7-113-28966-9
定　　价: 69.80元

前　言

一、为什么不做财务工作，也要学习财务报表

对于准备从事财务工作的人们来说，财务报表是一门必修课，学好财务报表是承担财务工作的前提，如果不懂财务报表却想要进行财务分析，那基本上就是“缘木求鱼”。

不过，财务报表除了对相关专业领域的学生和财务相关从业人员有直接的帮助以外，对于个人投资者、企业管理者、职场工作者和面对生活各种挑战的个人生活者同样也是非常有帮助的，可以这么说，财务报表是个人投资者在股市投资的测试仪，是企业管理者在商海浮沉的仪表盘，是职场工作者升职加薪的必备武器，是个人生活者卓越生活的管理工具。

但是，因为财务报表制式比较固定、内容比较抽象和表述比较严谨，所以对于学习者来说并不友好，尤其财务报表里面还充斥着大量财务专有名词，更是无形中提高了学习者的门槛。

本书定位为读者“人生的第一本财务书”，就是希望能够让那些需要从事财务工作的人可以更快地学会，更轻松地学好。同时也希望能够让那些不直接从事财务工作，但需要在企业就职的人员可以更愉快地入门，更实战地运用。

二、用讲故事的方式学习财报分析

大家都是喜欢听故事的，通过讲故事的方式来进行财报分析的学习是本书的一大特色。

从第二章介绍利润表开始，书中引入了一个“北漂青年小文”的故事，试图以个人的视角去解读企业的财务逻辑，这是因为本质上个人或家庭其

实就是“微型的企业”。

所以,利润表就是“北漂青年小文的奋斗故事”,我们将从他每月的收入支出构成去洞察企业创造利润的内在逻辑。

现金流量表就是“北漂青年小文的生活故事”,我们通过了解他的现金收支,知道个人和企业在对待钱的态度上是一样的。

讲到资产负债表的内容时,让我们看到了和现实相近的“北漂青年小文的恋爱故事”,我们也会进一步看到小文的家庭底蕴和个人努力对他个人资产的影响。

最后关于股东权益变动表,我们会看到“北漂青年小文的成长故事”,从而看到所谓的奋斗有结果应该是什么样子的。

通过这4个关联的小故事,能够帮助读者更好地理解和记忆财务报表的内容逻辑和知识要点,也能更好地启发我们的工作与生活。

三、本书逻辑架构

本书共有十章,内容分别如下:

第一章介绍财务报表有趣、有用的特点,同时对财务报表的基本情况进行说明。

第二至七章开始进行财务报表的学习,首先从比较简单和符合大众认知经验的“利润表”开始介绍,然后逐步由浅入深介绍“现金流量表”“资产负债表”和“所有者权益变动表”,最后是看懂上市公司的财务报告和进行财报分析的关键要点。

第八至十章则是介绍作为个人投资者、企业管理者、职场工作者和个人生活者不同角色时对于财报分析的实际运用。

好了,看到这里,读者朋友们已经大致知道这是一本什么样的书了。接下来就让我们一起开始财务报表的探索之旅吧!

编　者

自　序

关于价值、初心和心路历程

亲爱的读者朋友，您好！

作为本书的作者，我可能更倾向于把自序，当作一次和你们隔空对话的机会，所以在开始阅读本书之前，先来聊三个话题：

一、这本书对您有什么用

我们先假设有这样一个场景，一个外国友人向您请教，因为他对中国文化很感兴趣，很想要了解博大精深的中国文化，但一开始因为没接触过不太懂，所以想请您推荐一本有关中国文化的书，那么您会怎么推荐呢？

我想一种可能的方式是，您会考虑先推荐像《三字经》这样一两本入门级别的国学书，然后再推荐他去阅读《论语》《道德经》这样代表中国文化最高境界且阅读门槛较高的国学经典。

事实上，通俗易懂的《三字经》确实也在世界范围内起到了中国文化宣传小册子的作用，它在世界范围内广泛传播，近的日本、韩国、新加坡就不说了，美国、英国、法国、俄国等也都有大量翻译版的《三字经》，当罗伯特·马礼逊在翻译第一本中国传统经典时，也没有选《道德经》《易经》《论语》这些我们熟知的国学代表作，而选的是平民化的《三字经》。

所以这本《人人都要学的财报分析》，它可能并不像有的财务书那样高屋建瓴，帮您站在山顶上看山脚，以“会当凌绝顶，一览众山小”的气魄为这个领域树立最高的标准；相比较而言，作为财务分析的入门书，它的定位更多像是和《三字经》一样，会以一个迎客书童的姿态，帮您站在山脚下仰望高处，并且告诉您一条安全便捷的上山路径，避免新来者人生地不熟，攀登不一会儿就“只在此山中，云深不知处”了。

如果您通过本书可以掌握财务分析的主要脉络，同时对财务的学习不感到厌烦和无趣，那作为本书的作者就真是太荣幸了！

二、为什么会写这本书

说了本书的价值，关于我写这本书的初心或者说写这本书的目的，其实也就带出来了。诗圣杜甫在他的诗《奉赠韦左丞丈二十二韵》中告诉我们“读书破万卷，下笔如有神”，意思是要想写诗很厉害，你得先学习很多书。如果把这个方法论引申到财务分析领域，那就是我们要读各式各样的财务专业书，才有机会在自己的专业领域达到高人一等的水准。作为本书的作者，最开始写这本书的目的就是想写一本“财务分析的基础入门”书，它能够多帮助初级学习者快速入门，起到抛砖引玉的作用。

三、这本书的创作过程

最后再花点时间赘述一下本书的创作过程。回想这一路漫长的过程，对个人知识的结构化梳理倒是其次，对于时间管理的考验和持续创作、坚持到底的心态可能更是一个巨大的挑战。此外，想到过往工作经历中身边有大量的财务分析高手，结果自己却出来班门弄斧，真算是“无知者无畏”，并且由于这也是我第一次写书，所以内心始终是“战战兢兢，如临深渊，如履薄冰”。但转念一想，自己也是有多年咨询的三方经验和一线互联网实战体会，非常认同“以经营者视角的财务分析有着极其实用的价值”，同时由于自身过往经历和生活理念，还养成了相对比较轻松的文风，比如认同“个人就是微型的企业”，那么个人想省钱就买便宜的菜和企业想更多盈利就降本增效是一样的思考逻辑，所以书中才会有很多个人和企业相互对照的故事。进而，使这本书更接地气、易上手。

总之，这本书可能并不完美，编写时我怀着忐忑的心情，终于让它有机会和您见面了，希望能给您一些收获和启发。

最后，我想感谢中国铁道出版社有限公司的王佩老师和王宏老师，没有两位编辑专业且认真的态度，也就没有了本书的出版，同时也非常感谢出版社其他为本书出版投入精力与时间的各位领导和老师。

同时，作为本书作者的另外一层身份，我还想把这本书献给我的家人：调皮的哥哥稳稳、刚刚降生的妹妹朵朵以及他们可爱的妈妈小美，是因为你们让这本书对我有了更多的意义，也希望这本书的出版，能作为一份礼物献给你们。

最后，亲爱的读者朋友，说得太多了，还是让我们快点开始一段新的财务学习之旅吧！

苏 斌

目　录

第一章

有用、有趣又有招的财务报表

有用的财务报表——这是一个你尚未开发的大宝藏

在开始本节学习前,我们先快速思考三个关键问题。

(1)为什么说财务报表是一件终身使用的武器?

(2)为什么说财务视角是认识企业的一面镜子?

(3)为什么说财务报表是数字堆砌“伪装”而成的成功密码?

在日本动漫《航海王》里,传奇海盗哥尔·D·罗杰在临死前,曾经留下了关于其毕生财富 One Piece 的信息:“想要我的财宝吗? 想要的话可以全部给你,去找吧! 我把所有财宝都放在那里!”于是乎,所有热血的男子汉,都坚定不移地开启“伟大的航路”去追逐梦想,因此拉开了这部热血动漫的序幕。

One Piece 在动漫《航海王》的描述中,无疑是“梦想、智慧、财富、名誉、地位”的代名词,也是一个取之不尽、用之不竭的大宝藏,使得无数人为之着迷和追寻。

不过,其实我们根本没有意识到,作为人人都可以学习、人人都可以读懂的财务报表,其实也是一个有着 One Piece 般神奇魔力、蕴含巨大财富的大宝藏,只不过我们尚未对它进行开发罢了。

一、财务报表是一件可以终身使用的武器

人的一生大致可以分为求学、求职、退休三个阶段，在求学和退休这两个阶段，我们都是作为“消费者”而存在，只有在求职这个阶段是同时作为“生产者”和“消费者”存在的。

在我们25岁到65岁40年的职业生涯中，除去休息和基本的生活，我们的绝大多数时间都是在进行工作，虽然现在很少有人可以终身为一家企业服务，但是哪怕流转在不同企业间上班，始终不变的法则是：企业为社会创造价值，社会回馈企业以利润；个人为企业创造价值，企业回馈个人以薪酬。

我们所服务的企业的价值创造能力，是会充分体现在财务报表上的。因此，对财务报表的深入学习，仿佛掌握了企业这台机器运作的“遥控器”，可以知晓它是如何实际运作的。

事实上，这种判断力的延展性很强，大到国家和企业，小到家庭或个人。衡量一个国家实力，看经济；衡量一个企业，看财务；衡量一个人，也会参考他的收入；而这一切，都可以通过看它的财务报表充分知晓。

所以，当我们进入社会以后，财务报表会是你整个职业生涯都能用上的法宝。

越早学习，越早受益。

二、财务视角是认识企业的一面镜子

当我们处在职业生涯阶段，在为企业工作的时候，我们其实是有很多个认识企业的角度，但其中财务报表所代表的财务视角，才是职场人士、企业管理者、资本市场和外部社会判断企业经营好坏或成败的关键核心。

事实上，当我们需要判断企业好坏的时候，通常会有三种不同的视角：感受视角、经验视角、专业视角。

- 当我们用感受视角看企业的时候，个人的情绪、情感会左右我们的判断，我们单纯地从个人的体验和心情好坏来判断企业好不好、管理者称不称

职,但这种感性判断是不可持续和不够客观的。

- 当我们用经验视角看企业的时候,我们会特别依赖自己的经历、现状和环境,我们对企业的经营表现、管理效率等判断极有可能因为经验而发生偏差。

- 当我们用专业视角看企业的时候,整体已经比感受视角、经验视角更加理性了,但我们用人才、战略、营销、业务销售、风控等视角看的时候,相较于财务视角而言,一方面缺乏"数字化的客观",另一方面也缺乏财务这种"决定生死和成长"的关键性作用。所以,财务是观察企业最重要也是最有意义的视角,可以帮你从本质上认识企业的实际情况,因为通过财务这面镜子,可以帮你看到真实的企业情况。

三、财务报表是一堆数字堆砌"伪装"而成的成功密码

当我们决定要学习财务报表的时候,可能是工作职责需要(即将从事会计相关的工作),可能是学习考试的驱动(如要考取 CPA 的证书或者专业直接相关),也可能是个人兴趣使然。但是,我们只是去看财务报表表面的数字堆砌,很有可能会忽视背后展现出的成功密码。因为,一个人在企业中担任某个"岗位"或者某个"角色",这个"岗位"或"角色"的贡献可能有大有小,但都可以通过对财务报表的影响力体现出来。

- 当你在一个企业只是一颗螺丝钉的时候,那你就是财务报表里的小小一行,可能通常只是代表了企业薪酬成本这一个小部分。

- 当你逐步在企业中升上管理层或者处在"不可替代"的岗位时,你就可能是财务报表里多个栏目的影响者。

- 当你成为企业和竞争对手进行"神仙打架"的表演者甚至是操盘者的时候,你就将对至少一张以上的财务报表起着决定性作用。

所以,财务报表,应该是你进行价值思考的原点,搞清楚它,就能帮你想明白很多事情。

不过有人说,财务报表我知道很有用,但我有点"学不进去"。

事实上,世上并没有无聊的财务报表,关键要看你会不会看。

下一节我们就一起来看看,要怎么走出对财务报表的三大误区,让学习

财务报表变得更加有趣。

有趣的财务报表——财务其实并不冷淡

在开始本节学习前，我们先快速思考三个关键问题。

(1)学习财务报表可以是生动有趣的吗？

(2)什么是学习财务报表常见的三大误区？

(3)针对财务报表的三大误区，我们有什么应对办法？

读完前面的内容，我们知道财务报表并不是躲在象牙塔里的理论研究，而是可以帮助我们职业生涯化腐朽为神奇的攻坚利器。事实上，在职场用“数字”说话，尤其是用财务数字说话，连“商业吵架”都很少会输。

而阅读本节，我们要去解决的问题则变成了：学习财务报表，到底会是一场为了成长而不得不进行的苦行僧式的修行，还是一场充满惊喜、妙趣横生的探索之旅？

一、财务报表其实并不无聊

回答这个问题前，我们不妨先想象一下这样一个场景：

你和你的朋友正在一起聊天，聊得非常开心，然后你对你的朋友提起，自己最近打算花一点时间学习一下财务报表的相关知识。

那么，你猜你的朋友会有什么样的反应？

他可能会笑着说，听起来还不错，财务报表确实是挺有用的。

但他的心里可能已经有了主观看法：财务报表似乎挺有价值，不过也就是各种生涩无比的名词和一些数字堆砌而成的表格，看起来很无聊；虽然有用，但好像跟我的工作和生活并没有什么直接的关系；况且，即使真要学习，我也不知从何下手。

这三个想法不时地穿过他的脑海，所以他看着你，面带微笑，可头脑中却在想——你一定会在某一时刻放弃学习财务报表。

事实上,在你朋友心里泛起的波澜,是很多人在试图学习财务报表时都会遇到的困难和误区。

因为大多数人都能比较容易地接受学习财务报表是一件挺有价值的事,但如果要说学习财务报表是一件非常有趣、好玩的事情,估计绝大多数人们会不认同。

而且不只大多数非财务相关的普通人认为财务报表是很无聊、没用、不好学的一门学科,甚至不少专业的学生和从业人员也抱有这样的看法和态度。在这些人的眼里,财务报表仿佛就是一个"了然无趣""与我无关"和"学好无招"的"三无产品",让人一点儿也提不起学习兴趣。

不过,接下来我们可能就要试着告诉读者一个崭新的观点:如果说掌握财务报表的终点如同是探索浩瀚宇宙,那么学习财务报表则是走向星辰大海的一段激动人心的征途!

二、学习财务报表的三大误区

学习中的种种难题和困惑,其实是由于我们错误理解造成的三个误区。

误区一:财务报表是科学严谨的,所以一定是无聊透顶的。

通常来说,财务报表的类型、格式以及编报的要求,都是由统一的会计制度来做出规定,要求企业定期进行编报。这个过程要求数据客观、真实、可靠,并且计算正确,而且要求呈报的内容是完整的、制式完备的,并且报送及时。

简单说就是一句话:请以我给你的标准来执行,不要"别出心裁",更不允许你"画蛇添足"。

但是,这并不是意味着我们在学习财务报表的时候也要一板一眼。我们之所以觉得财务报表无趣,就在于数字本身是冰冷而没有温度的。但如果我们透过数字,去看数字背后所反映出来的企业家深度的思考、管理者精妙的布局、一线团队齐心的协同、所有员工奋斗的汗水和企业突破边界的果敢,你就会产生一种感觉,财务报表既是艺术的,也是睿智的,因为它在帮你进行价值原点式思考的同时,也让你看到了人类的种种美好。

而且，由于财务报表能够真实反映企业经过无数的行动所创造出来的结果，所以当我们能够还原数字背后的实际业务行为的时候，再去看财务报表本身的名词、数字、图表，也就能更真实地理解数字的真正含义。

所以，把这些企业的商业行为，通过抽象、归纳、演绎而变成一个个鲜活的个人奋斗小故事，也是完全可能的。

因此，在本书介绍财务报表时，会有一个关于“北漂小文的奋斗故事”贯穿始终，并且用这条主线把财务报表的底层逻辑给贯穿起来，这样既方便理解、记忆，也非常有趣好玩。

误区二：财务报表只不过是财务部门的事，它和我的生活毫不相关。

虽然前面展示了财务报表的作用，但是具体落到个人身上，要说财务报表和我们工作、生活有什么特别直接的联系，很多人会说“好像也没有”，毕竟专业的人干专业的事，在企业里，财务报表好像只是财务部门的事。

所以，不少人听到财务报表，通常第一反应就是：那不就是财务部门处理的事情吗？和我又有什么关系呢？

甚至会有出诸多想法：财务和我没什么直接关系，我能想到去财务部干的事，不就是月底去搞搞报销、贴贴发票吗？

财务部门的那些人，每天搞的好像很忙的样子，其实不就是负责天天记账那点事情吗？

那些做预算的人，根本不理解业务，不就是只会卡我们的费用吗？

…………

但是，如果我们稍微思考一下，就会发现学习财务报表，其实会给每个职场人的工作和生活带来莫大的帮助，它不只是“有用”，而且是“对我有用”。

所以在职业上，关注财务报表的表现就是给自己所在企业“号脉”，客观地判断企业的发展现状是向好还是向坏，和竞争对手的对比是什么情况，从而做出最有利于自己职业生涯的选择，因为“大河无水小河干，大河有水小河满”。

正是通过财务报表，我们可以了解企业之间胜负对决的规则和趋势，而只有看懂反映企业努力结果的“成绩单”，才能知道自己所在企业的生命力如何，才能在人生重大的职业选择里更加淡定从容。

比如，你所在的企业市场份额不如行业的领头羊，收入的同比增速还远落后于竞争对手，这说明二者的差距在拉大，市场地位在急速下降；又比如市场费的增幅明显高于收入的增幅，很可能说明企业增长乏力要靠砸钱来拉高收入，现在的发展可能并不可持续。而只有借助财务报表针对企业不同情况有了足够的判断力，你才能结合自己的实际情况，做出坚守岗位积蓄力量、异动调整争取机会、外部求职提升自我等不同的重大选择。

所以，财务报表其实就像武侠小说里的内功秘籍，人人都能看到，但只有少数聪明人，才能学会用它来提升能力、修炼内功。

要知道借助财务报表的如此这番对比分析，可以让你对行业、对企业的认识上升一个大台阶，从而提升自己的竞争力。

因为，你通过财务报表所看到的，也是企业的高管们天天关注的核心问题。而这种投资人和经营者的深刻思维，是一般职场人所不具备的。

除此之外，当你作为个人还可以将财务报表当作管理工具，对你的个人选择和生活做出重大判断提供帮助，这个我们在后面章节也会详细展开说明。

误区三：财务报表里充满了专有名词和制式报表，想要搞懂没有什么好招，就必须要死记硬背。

客观来说，对财务报表的学习，确实是有比较高的门槛。大量冗长的专有名词，标准化的制式报表，无一不在告诉你：按我的规矩来，按这一套标准来做。

所以，与其他管理类的学科不同，财务报表如果没有针对性地学习，是做不到人人都有机会“深入其中”的。

制式表格标准严格且死板，就一定不太好理解？专有名词很多，所以就必须全靠死记硬背？一串串的数字看千位分隔符就头晕了，更别说理解了，看起来就很费功夫？这些都是刚接触财务报表时人们的诸多疑问。

其实，办法总比困难多，我们还是能有很多办法让学习财务报表更加简单容易的。

除了以上疑问的解答,让你可以理解财务报表并且觉得有趣之外,我们穿插的案例也是让学习财务报表变得有趣的重要方式。目前 A 股上市公司大概有 3 600 家,其中上证 1 460 家,深证 2 143 家,这些公司会在每个季度、半年、年度更新自己的财务报告,这里的财务报表都是第一手的市场数据,也是我们学习的海洋。

本书中,将会穿插使用一些知名上市公司的财务报表作为案例进行分析,并且去分析财务报表所能反映出的企业的经营情况。

只要我们慢慢来,充分地理解,就能把财务报表变得简单而有趣,因为理解得越多,看的内容越生动,需要死记硬背的就越少,收获也就越多。

接下来,就让我们一起参与进来吧——当你完成了"兴趣倍增、意义加深,困难减少"的认知飞跃后,财务报表也就变成了"好玩,好用,好学"的"三好产品"了。

相信接下来的学习之旅,你是不会感到枯燥无味的。

有招的财务报表——财务报表其实就这么点事

在开始本节学习前,我们先快速思考三个关键的小问题。

(1)什么是一家企业的三大活动?

(2)为什么四张财务报表会这么厉害?

(3)什么是财务报表的四大作用?

一、从苏老师的梦想实践看懂企业的三大活动

这里让我们从苏老师的梦想开始讲起。

现在假设苏老师有一个梦想,就是希望能够帮助别人实现自己的梦想。于是苏老师决定不能只是空想,一定要行动起来,但他自己手上钱不够,于是就找银行贷款,同时也找熟人合资。凑够钱以后,接着又完成公司的注册。注册完公司,苏老师租了房子,装修过后,并且买了一些工作器材、办公设备、印发了宣传材料等,还雇了几个人,然后就热火朝天地开始招生。由

于苏老师的课程内容还不错，于是公司招到一些学员，接着开始办班培训，收培训费，把赚来的钱给员工发工资，还有交房租、水电费、还银行利息、交纳税款，并且给股东分红，等等。然后，苏老师进一步扩招学员，攒了一些钱，于是花钱投资了和培训业务相关的一家咨询公司，然后将两个业务打包组合，给用户提供更好的解决方案。这之后又不断地招生，做咨询，收学费，收咨询费，进一步扩张……

我们整体看一下，苏老师办公司这个过程中，贯穿其中有三个非常重要的活动：

(1)苏老师自己攒的钱不够，通过两个途径来获取，一个是熟人投钱给公司，另一个是银行借钱，这两个活动其实就是企业进行的融资活动。

(2)苏老师注册公司以后，开始租场地、装修、购买设备、招人、搞培训等，这一系列行为就是企业的经营活动。

(3)苏老师把自己赚到的钱投资给了咨询公司，这个过程其实有可能是参股，也可以是合资、控股、构建子公司等，这样的一类企业行为就是企业的投资活动。

正所谓万变不离其宗，企业可以在不同的行业领域开展业务，企业的规模有大有小，但归结起来企业所有的行为就是这三种：融资活动、经营活动和投资活动。在这个过程中，企业不断把钱变成商品和服务，然后商品和服务又不断变成钱，形成了一个围绕钱的获取和转换的流动循环。

二、一口气读完财务分析的四张报表

财务报表之所以是有价值的，就在于它能够客观地陈述和记录企业在上述三大活动中的过程和结果。

通常我们所说的财务报表主要指“资产负债表”“利润表”“现金流量表”和“所有者权益变动表”这四张表，它们针对企业的三大活动给出了不同的信息呈现。

“资产负债表”反映了企业在一个时间点(月末、季末、半年末、年末)所拥有或控制的资产、承担的债务情况以及享有的权益，包括流动资产、非流动资产、流动负债、非流动负债和所有者权益。可以看到,“资产负债表”体现了企业在各种经营活动、投资活动和融资活动后的资产、负债和权益的情况,或者通俗地讲,我投了这些钱办企业,各种找资源、各种努力经营、各种折腾和管理,那么我会很关心到了某一个时间点,这些“本钱”还剩下多少。

“利润表”通常也被叫作“损益表”,反映了企业在一定时期(一个月、一季度、半年、一年)内的收益、成本耗费以及经营成果,它由收入、成本、费用、利润等部分组成,它可以用来分析企业的发展趋势和盈利能力,进而还可以考核企业及其管理者的经营业绩,因为它体现的是企业经历这些基本活动后,到底是赚钱了还是亏钱了。

“现金流量表”反映了一家企业在一定时期现金流入和现金流出的动态状况,它包括经营性活动、投资性活动和筹资性活动的现金流量的流入和流出,向我们提示了企业获取和运用现金的能力,而且它还能更全面地评价企业的偿债能力和收益能力,企业的三大基本活动都是围绕钱来开展的,因此记录每一笔钱的动态就显得尤为重要。

“所有者权益变动表”通常也被叫作“股东权益变动表”,包括实收资本、资本公积、库存股、盈余公积和未分配利润的增减变动,是反映了构成所有者权益各组成部分当期增减变动情况的报表,解释了在某一特定时间内,股东权益如何因为企业的盈亏及现金股利的发放而发生变化,客观说明了企业管理者是否公平对待股东,是否每年给股东分配股利,同时它也能帮助我们了解企业净资产状况,让我们对于企业资本保值增值情况做出正确判断。换句话说,是让出钱的股东们知道,企业经过各种活动之后,出的钱现在变成什么样了,是变多了还是变少了。

三、财务报表作为管理工具的四大作用

企业的融资活动、经营活动和投资活动的过程和结果都会被四张财务报表记录下来,因此财务报表通常也就具备了呈现信息、现状评估、发现问题和解决问题四大作用。

(1)呈现信息。财务报表用制式报表的方式体现企业的财务数据,把企业过往和现在的发展状况和经营情况,用财务数字比较客观公正地呈现出来,这给我们认识一家企业和分析一家企业的经营提供了最好的基础保障。

(2)现状评估。财务报表可以帮助我们准确了解企业的资产、利润、现金流等经营业绩情况,进而帮助我们评估企业的成长能力、偿债能力、盈利能力和营运能力,再结合企业自身的历史情况和外部竞争企业的情况,就可以知道企业当前所处的阶段和在行业中的地位。

(3)发现问题。财务报表可以分析企业目前存在的困难和问题,以及进一步分析导致问题的原因。例如,企业的净利润是亏损的,有可能是市场波动导致成本上升,也有可能是费用管理失控,还有可能是企业在选择战略性亏损以换取市场份额,这都可以从财务报表的数字变动里察觉出来,并且进一步分析这个问题是否客观存在,是否亟待解决。

(4)解决问题。财务报表通过对企业当前情况的深刻剖析,针对问题的合理解读,进而可以预测企业未来的发展趋势,尤其是企业管理者当前的经营决策将会给企业带来财务上的影响,简单说企业做什么动作,财务报表的数字将会有什么变动,从而有助于企业管理者进行合理科学的经营管理决策。

综上所述,财务报表帮助我们认识企业“有多少钱,赚多少钱,用多少钱,值多少钱”,有了财务报表,我们可以更好地认识企业,为自己的分析和行动提供支撑,可以说财务报表确实是非常强大的管理工具。

| 第二章 |

利润表——加强企业的体力

轻松读懂利润表的四大组成部分

在本节学习开始前,先快速思考几个关键问题。

(1)作为职场人,我们都有过获取收入的经验,那么如何将其借鉴到利润表的学习中?

(2)利润表的核心公式是什么?它如何从个人收入迁移过来?

(3)利润表的四层结构是什么样的?映射了个人收入的哪四个关键产出?

下表是贵州茅台酒股份有限公司 2018 年 1 月到 12 月的利润表中的各项数据。

贵州茅台合并利润表

2018 年 1 月到 12 月

单位:元

币种:人民币

项　　目	本期发生额	上期发生额
一、营业总收入	77 199 384 110. 22	61 062 756 866. 16
其中:营业收入	73 638 872 388. 03	58 217 861 314. 17
利息收入	3 559 634 363. 70	2 844 310 646. 33
已赚保费		
手续费及佣金收入	877 358. 49	584 905. 66

续表

项　　目	本期发生额	上期发生额
二、营业总成本	25 866 030 564.04	22 122 749 332.71
其中:营业成本	6 522 921 833.77	5 940 436 371.97
利息支出	136 317 779.84	135 187 797.06
手续费及佣金支出	124 387.35	75 378.00
退保金		
赔付支出净额		
提取保险合同准备金净额		
保单红利支出		
分保费用		
税金及附加	11 288 926 846.97	8 404 214 470.69
销售费用	2 572 076 872.16	2 986 068 544.99
管理费用	5 325 940 762.24	4 701 795 567.31
研发费用	21 953 605.93	18 747 252.83
财务费用	-3 521 209.23	-55 722 346.19
其中:利息费用		880 974.99
利息收入	14 410 823.72	60 687 396.93
资产减值损失	1 289 685.01	-8 053 703.95
加:其他收益	9 634 135.00	
投资收益(损失以“-”号填列)		
其中:对联营企业和合营企业的投资收益		
公允价值变动收益(损失以“-”号填列)		
资产处置收益(损失以“-”号填列)		
汇兑收益(损失以“-”号填列)		
三、营业利润(亏损以“-”号填列)	51 342 987 681.18	38 940 007 533.45
加:营业外收入	11 619 526.11	12 201 990.51
减:营业外支出	527 003 759.82	212 137 381.36
四、利润总额(亏损总额以“-”号填列)	50 827 603 447.47	38 740 072 142.60
减:所得税费用	12 997 985 690.66	9 733 648 906.60
五、净利润(净亏损以“-”号填列)	37 829 617 756.81	29 006 423 236.00
(一)按经营持续性分类		

续表

项　　目	本期发生额	上期发生额
1. 持续经营净利润(净亏损以“－”号填列)	37 829 617 756.81	29 006 423 236.00
2. 终止经营净利润(净亏损以“－”号填列)		
(二)按所有权归属分类		
1. 归属于母公司股东的净利润	35 203 625 263.22	27 079 360 255.74
2. 少数股东损益	2 625 992 493.59	1 927 062 980.26
六、其他综合收益的税后净额	335 850.70	3 839 265.16
归属母公司所有者的其他综合收益的税后净额	335 850.70	3 839 265.16
(一)不能重分类进损益的其他综合收益		
1. 重新计量设定受益计划变动额		
2. 权益法下不能转损益的其他综合收益		
(二)将重分类进损益的其他综合收益	335 850.70	3 839 265.16
1. 权益法下可转损益的其他综合收益		
2. 可供出售金融资产公允价值变动损益		
3. 持有至到期投资重分类为可供出售金融资产损益		
4. 现金流量套期损益的有效部分		
5. 外币财务报表折算差额	335 850.70	3 839 265.16
6. 其他		
归属于少数股东的其他综合收益的税后净额		
七、综合收益总额	37 829 953 607.51	29 010 262 501.16
归属于母公司所有者的综合收益总额	35 203 961 113.92	27 083 199 520.90
归属于少数股东的综合收益总额	2 625 992 493.59	1 927 062 980.26
八、每股收益:		
(一)基本每股收益(元/股)	28.02	21.56
(二)稀释每股收益(元/股)	28.02	21.56

贵州茅台被称为 A 股之王，是 A 股股价最高的股票。作为上市公司的典型代表，茅台的财务报告是我们进行财报分析的优秀样本，在本书中也会多次引用茅台的财务报表作为分析案例，上表作为茅台近年财务报告的利润表部分，可以帮助我们快速对于利润表的结构和内容有一个整体的感知。

说起来利润表可以说是财务报表的四张报表（利润表、现金流量表、资产负债表和所有者权益变动表）中最好理解的一张表了，因为它的整个逻辑结构特别贴近我们个人的生活经验——只要搞清楚了我们个人的收入模式，也就搞清楚了利润表到底讲的是什么内容。

一、北漂青年小文的奋斗故事——“月入一万元能剩下多少”

我们先一起来看一个案例。

小文是一个来北京打拼的小镇青年，目前他入职于一家互联网公司，勤劳上进的他，还会在周末利用空闲的时间，兼职给某出行平台当快车司机赚取收入。

那么问题就来了：身为北漂的小文，每个月最终可以攒下来多少钱？

首先，1995 年出生的小文初到北京，并且在互联网公司上班还不到三年，目前一个月的税前工资为 10 000 元。

其次，这 10 000 元并不会全都落入小文的口袋，首先他要缴纳五险一金（个人缴纳部分养老 8%、医疗 2%、失业 0.2%、工伤 0%、生育 0%、公积金 12%），每月共计 2 220 元，所以小文的应税工资是 7 780 元。

然后，小文需要缴纳个人所得税，按照最新的个税要求（个税起征点 5 000 元，纳税期数为 1 期，专项附加扣除为 0 元），他需缴纳个税 83.4 元，所以他的税后到手收入就从 10 000 元变成了 7 696.6 元。

同时，在北京工作的生活成本并不低：小文在五环外租了个一居室每月要花 3 500 元；他一个月的伙食费差不多要花 2 000 元；上班的交通费大概是 300 元；手机上网和电话费为 100 元；其他生活用品约为 300 元。

也就是说，一个月小文的固定开销就要花掉 6 200 元，这样一来，他的可支配工资仅剩 1 496.6 元了。

我们再来看看小文的副业收入。小文用之前攒的钱买了一辆车，所以通过周末空闲时间当兼职司机还能有一部分收入：每个月出行平台能让小文收入1 500元；再扣除车的损耗和油费大约500元；也就是小文的副业每个月还能给他带来1 000块的额外收入。所以，我们可以看到小文的到手收入总额是2 496.6元。

最后，小文很孝顺，他每个月会给家里寄500元。

也就是说，虽然小文的工资是10 000元，但小文真正可以用来给自己学习、旅游、娱乐、人际往来的可支配收入只有1 996.6元。是不是感觉像极了我们自己每月所剩无几、捉襟见肘的生活？

二、小文奋斗故事的财务内核

通过上面这个故事，我们从中可以抽离出小文个人收入的核心主线：

收入 - 费用开支 = 可支配收入

也就是说，一个人的收入必须要经过各种费用开支以后，才能变成自己真正可以支配的那部分收入。

如果我们把刚才计算的过程提炼出来，会发现从个人收入演变到个人可支配收入，总共可以分四步。

第一步：税前收入 - 五险一金 - 个人所得税 = 税后收入（即到手工资）。

第二步：税后收入 - 个人生活开支 = 可支配工资。

第三步：可支配工资 + 副业收入 - 副业开支 = 到手收入总额。

第四步：到手收入总额 - 孝敬父母支出 = 可支配收入。

说明：此可支配收入与宏观经济中可支配收入并非同一概念，特指个人最终可以支配的那一部分收入。

三、引申到企业的利润表

其实，如果我们把个人的收入模式和企业在财务应用中的利润表进行对比，就会发现二者有着惊人的相似性，因为企业存在就要生存和发展，这与个人存在就要生活和追求进步是完全一样的。

所以，我们也可以很容易地知道，利润表也存在一个最基础的会计公式：

利润 = 收入 - 成本费用

那么企业的净利润具体是怎么形成的呢？

其实，企业创造利润的过程和个人赚钱并无不同。也就是说，利润表从收入一直到净利润的产生，是由四个步骤产生了四个关键的结果。这四个关键的结果分别是：毛利润（类似于个人收入里的税后收入）、营业利润（类似于个人收入里的可支配工资）、利润总额（类似于个人收入里的到手收入总额）、净利润（类似于个人收入里的可支配收入）。

我们可以进一步还原出企业在形成这四个关键产出的计算过程。

第一步：企业业务收入 - 营业成本 - 税金及附加 = 毛利润。

第二步：毛利润 - 销售费用 - 管理费用 - 财务费用 + 投资收益 = 营业利润。

第三步：营业利润 + 营业外收入 - 营业外支出 = 利润总额。

第四步：利润总额 - 所得税费用 = 净利润。

和个人一样，企业通过售卖商品或者提供服务可以获得收入，这通常是企业主要赚钱的方式，所以也就形成了企业的业务收入。

同样，企业的业务收入也不会全部归于企业，最先要扣除的就是营业成本。比如，你去店铺付钱买了一个面包，因为面包的形成是需要面粉、鸡蛋、糖等原材料以及制作的设备，而这些材料购买都要花钱，这也就形成了面包的成本，必须要率先予以扣除。

同时，企业要像个人缴纳个税一样，在这个阶段缴纳消费税、城市维护建设税、资源税和教育费附加费等一系列税种，然后扣除各项税种形成了企业的毛利。并且与个人生活支出一样，企业的存在就要不断花钱，相对来说，企业花钱主要是三个出口：销售费用、管理费用和财务费用。

销售费用，顾名思义，就是企业出售商品时产生的费用，比如企业卖面包，需要雇佣销售人员、打广告、给面包做精美包装等。

管理费用，是指企业日常的运营开支，比如后厨研发面包的研发人员的薪酬，就是一笔管理费用。

财务费用则比较好理解，比如你由于批量买面粉，钱不够需要找银行借钱，所产生的利息就是财务费用。

用毛利扣除刚刚提到的三项费用，再加上企业投资所得的收益或损失，就得到了企业的营业利润。

当然，企业除了主营业务之外，也会多元化发展创造收入。将企业的营业利润加上其他非主营业务产生的收入，并扣除其中产生的成本，就可以得到企业的利润总额了。

另外，企业要按照营业利润金额缴纳企业所得税，通常是 25% 的税率。扣除所得税的费用后也就得到了企业净利润，这其实就是企业的可支配收入，可以供企业拿来分给股东、投资、扩大生产等。

当你跟着本节的思路一直学下来，是不是觉得利润表其实也不难，也很好理解呢？

现在，你已经有了对利润表通俗的理解，同时也建立了对利润表整体的框架感。接下来，分别介绍一下利润表四个部分具体都包含了什么内容。

利润表的三个关键规则

在开始本节学习前，先快速思考三个关键的小问题。

（1）如何正确认识收入，什么是收入的确认？

（2）利润表里从收入到产生利润过程中，所遵循的配比规则是什么？

（3）利润表的利润计算规则和我们个人处理钱的经验不同，那么到底什么是利润的权责发生制？

在详细介绍从企业的营业收入转化到净利润的四步骤之前，让我们先来认识一下利润创造过程必须遵守的三个关键规则。

一、为什么收到钱不等于收入的确认

先一起来看看收入的确认。可以想象一下,如果我们把从收入开始一直计算到利润的过程比作一个大漏斗的话,那么收入就是这个漏斗的敞口,配比原则就是漏斗的形状,权责发生制就是漏斗的漏嘴,而最终的净利润就是从漏斗流到量杯的那一部分沉淀物。

所以,收入是整个利润产生的前提,如何计算收入、确认收入就显得尤为重要。但收入的确认并不像人们以为的那样简单,其中蕴含的玄机众多,也使得收入极易成为财务造假的重灾区。

那到底什么是收入的确认呢?

简单来说,企业卖出商品、提供服务以及让渡资产使用权(比如让别人使用自己的专利等),未必就能直接带来收入。

我们先来看两个例子。

第一个是卖牛奶(商品)的例子。有些用户有长期早餐喝牛奶的习惯,所以会周期性地购买牛奶:每天清晨,销售人员会把牛奶送到用户的家里。但是如果销售人员每天都让用户支付一次牛奶钱,那实在是太麻烦了,所以双方约定好三个月交一次费。

那么问题来了,这一笔卖牛奶的收入,要怎么计算?是平均分到三个月里确认,还是第三个月收钱的时候记一笔收入?

第二个是做项目(劳务)的例子。有一个咨询公司作为乙方给甲方企业做咨询项目,签订的合同期限为三个月,合同金额是 100 万元,要求项目启动之前首付 40 万元,在项目完成 50% 的时候再付 30 万元,等项目 100% 结束验收合格的时候再付 20 万元,最后等项目结束后半年甲方确认项目没有问题了,再付最后的 10 万元。

那么,这一部分的收入又该如何确认呢?第一个月在项目启动前,40 万元就提前收到了,可以立即确认吗?

其实这两个例子都涉及上面提到的一个重要的会计原则,那就是收入的确认。

由于除了最简单的"一手交钱一手交货",收入还有以上两个例子为代表的复杂或者更复杂的情况,因此收入在确认时涉及两个重要问题:一是定时,二是计量。用通俗的话来讲,就是"什么时间,计多少收入"的问题。

在国际会计准则中,对商品销售收入的确认标准是这样的:商品的卖方已将所售资产在所有权上的重要风险和报酬转移给了买方,即卖方已经完成了所有主要的销售环节,并不再以行使所有权的方式继续参与所转让商品的管理或不再实际控制已转让的商品,并且不存在重大的不确定性因素。

在对劳务收入确认标准上,我国的会计准则要求:如果提供劳务期间跨越一个以上会计期间,并且提供劳务的交易结果能够可靠地估计,企业则应按完工百分比法确认收入。在提供他人使用本企业资产收入的确认时,则要求只有可计量性或账款的可回收性方面不存在重大不确定性时,才应予以确认。

我们再看第一个例子,由于牛奶在每个月的时候已经完成了"交割",所以收入的确认就是每个月到时确认一次,确认金额 = 当月实际送出的牛奶数量×单价。

第二个例子中,虽然乙方咨询公司在第一个月都还没有开工的时候就收到 40 万元,但是收入的确认要等到月底的时候看项目完成进度来确认。如果月底项目完成了 30%,那么就可以确认 30% 的收入,也就是当月确认收入为 30 万元,所以虽然实际已经收到了 40 万元,但是收入确认却还是要看完成的进度。

二、什么是配比原则

相比较而言,利润表的配比原则就好理解一些。会计上所说的配比,是指在确定利润的特定期间(月、季度、半年、年),销售收入要能够与对应的成本和费用相互配比。这包括如下两个方面:

1. 支出范围的配比

企业日常发生的各种支出,应根据其性质及用途与其相应的资金来源相匹配并得到补偿,要支出与收入相比较来确定经营成果。例如,一个厂商一个月生产200个杯子，但是就卖出了100个，假设一个杯子的生产成本是10元，销售价格是20元，那么这个月的收入就是100×20=2 000（元），成本是100×10=1 000（元）。

2. 支出时间的配比

一定会计期间所发生的费用支出，如归属于当期产品的成本，则应计入当期的生产、销售成本中，如果是不应归属于当期产品的费用支出，则即使已经发生或支付，也不能计入当期成本；如果有些费用还没有发生或支付，但应当计入当期产品成本，也应由本期成本负担。例如，该厂商上个月卖出了100个杯子，其中50个杯子的成本是这个月才实际支付出去的，但这部分成本也不能算在这个月的成本里。

三、权责发生制和收付实现制的区别是什么

权责发生制是针对收付实现制来说的，后者的规则比较符合一般大众的理解。

所谓收付实现制，是以现金的收入和支出来界定收入和费用的，其核心是“落袋为安”，只有真正到手的钱才是收入，真正花出去的钱则产生费用。

所谓权责发生制，就是以权利或者责任的发生来确定收入和支出，其核心是“按权利来说应该是你的，那就是你的”。也就是说，当你把一件商品卖出去或者把服务提供完了，你的事情已经干完了，那么按照权责发生制这笔钱就应该算成你的。

但是，一个商业社会里常见并且可能会决定企业生死存亡的现象则是：应该是你的钱和这钱是否进入你的口袋，并不能完全画等号。而且，如果这两者差距过大，还极有可能造成企业的覆灭。

我们看一个例子。假设在北京东直门的东中街开了一家主题餐厅，这个店每个月店租、水电和人工的固定开支是10万元，而每天的收入流水是1万元，变动的成本和费用大概是5 000元/天，这样粗算每个月的利润应该是10 000×30－5 000×30－100 000＝50 000（元），即每个月的净利润应该是5万元，餐馆老板应该感到非常高兴才对。

但其实这个店只是"账上"赚了钱,实际经营举步维艰。原来这个店每天80%的流水来自一家公司的员工统一就餐,但是这家公司拖欠餐费迟迟不还,所以这家餐厅实际的资金流向就变成了 $10\ 000\times(1-80\%)\times30-5\ 000\times30-100\ 000=-190\ 000$(万元),也就是说,这家餐厅每个月要净流出19万元的现金。

由于持续的现金流出,没过几个月,餐厅老板就无奈地关闭了店铺。

因此可见,账面上赚到钱和实际拿到钱,往往并不是一回事。

利润表的三个基本原则,实际上向我们提示了"三个未必"的真理。

- 你以为把钱放进口袋就好,其实未必就是你可以确认记账的收入。
- 你以为在这个月花出去的钱,其实未必就是这个月的成本。
- 你以为赚到利润的就是好公司,其实未必能够养活自己的员工。

所以,这样看来,利润表看似简单,其实有可能隐藏了不少不为人知的玄机。

明白了这三个基本原则,接下来让我们一起来看看利润到底如何一步步从收入转变而来。

毛利率的变化是企业发展的风向标

在开始本节学习前,先快速思考几个关键问题。

(1)收入的三种来源方式是什么?什么是主营业务收入?

(2)营业成本指的是什么?税金及附加指的是什么?

(3)什么是毛利润?为什么毛利率是企业商业模式的关键指标?

创造利润的第一步是"企业业务收入-营业成本-税金及附加=毛利润",因此可以将企业业务收入看作整个净利润漏斗的敞口,而毛利润是产生利润过程中第一个重要的"中间产出物"。那么,公式中的几个指标分别代表着什么呢?

一、企业要如何产生业务收入

收入是指在销售商品、提供劳务及使用本企业资产等日常活动中所形成的经济利益的总流入,不包括为第三方或客户代收的款项。

由此可见,收入按企业从事日常活动的性质不同,可以分为销售商品收入、提供劳务收入和让渡资产使用权收入三种方式。

第一,销售商品。这个比较好理解,前面讲到的卖牛奶的案例就是一个销售商品的典型例子。消费者想喝牛奶,企业把牛奶提供给消费者,进而从消费者那里获取收入。当然,销售牛奶的企业主体,既可能是上游的牛奶企业,也可以是商超、便利店等零售商这样的下游企业。换句话说,销售商品的行为并不一定要和生产商品的主体完全一致,也可以是商品流转到其他环节(批发、零售)再完成销售。

第二,提供劳务。上面提到的提供咨询服务,本身没有商品发生转移,只是卖方将自己的服务输送给了另一方,但是同样可以获取收入。可以发现,这种劳动和销售商品不一样,并不是以实物形式呈现,而是以劳动形式呈现,这种服务既可以是为了满足人们精神上的需要,也可以是用来满足人们物质生产的需要,我们比较熟悉的理发、浴池、旅店、搬家、维修等都属于劳务收入。

第三,让渡资产使用权。指资产的所有者将资产的使用权暂时转移给他人,以取得相关收益。但要注意的是,在这个过程中,并不会发生资产所有权转移的行为。这种收入通常包括两个方面,一是利息收入,主要指金融企业对外贷款形成的利息收入,以及同业之间发生往来所形成的利息收入等;二是使用费收入,主要指企业转让无形资产(如商标权、专利权、专营权、软件、版权等资产)的使用权形成的使用费收入;除此之外,企业对外出租资产收取的租金、进行债权投资收取的利息、进行股权投资取得的现金股利,也属于让渡资产使用权形成的收入。

我们以上市企业贵州茅台为例,贵州茅台的主营业务收入来自销售酒类的商品,2018 年酒类的营业收入为 735.6 亿元,其中茅台酒的收入为 654.9 亿元,其他系列酒的收入为 80.8 亿元。

主营业务分行业情况表

分行业	营业收入	营业成本	毛利率(%)	营业收入比上年增减(%)	营业成本比上年增减(%)	毛利率比上年增减(%)
酒类	73 564 669 948.25	6 436 853 897.07	91.25	26.47	8.83	增加1.42个百分点
茅台酒	65 487 368 881.91	4 098 507 851.96	93.74	24.99	8.9	增加0.92个百分点
其他系列酒	8 077 301 066.34	2 338 346 045.11	71.05	39.88	8.7	增加8.30个百分点

除此之外,收入还可以按照企业经营业务的主次不同,分为主营业务收入和其他业务收入。所谓主营业务收入,是指企业为完成其经营目标所从事的经常性活动实现的收入;而其他业务收入,是指企业主营业务以外的其他日常活动所取得的收入。

一般情况下,其他业务活动的收入金额不大,发生频率不高,在收入中所占比重较小;而企业的主营业务收入,才是企业创造利润的核心。

所以,任何一家企业我们都可以先看看它的收入,主要关注三个方面:一是它的收入是什么形式,了解其企业的经营性质;二是主营业务收入的情况,了解企业的经营规模;三是企业收入的确认方式,了解企业经营的规则。

有了这三个方面,就可以大概了解企业的收入情况了。

二、要有收入,就必然要有营业成本

营业成本通常也称经营成本或者运营成本,是指企业销售商品或者提供劳务时所产生的成本。

做任何事情都有代价,要获取收入,必然要付出成本。这里需要关注两个方面:一是,所有的成本都要和收入进行配比;二是,企业的成本变动趋势体现了市场的行情变化或者企业控制成本的能力。

我们从上市企业贵州茅台的例子可以看到,贵州茅台的735.6亿元收入所对应的营业成本是64.4亿元。

三、什么是税金及附加

税金及附加用来反映企业经营时应负担的消费税、城市维护建设税、资源税和教育税附加等税费。

经营企业离不开纳税，税金及附加主要有三点注意事项：一是，企业经营过程中，无论最终是否盈利，都需要缴纳该项税费；二是，这些税收的数值和经营的好坏直接相关，经营得好，缴纳的税费就高，经营得不好，缴纳的税费就低；三是，税金及附加按照国家相关政策计算计提基数，与企业的管理能力没有直接的关系。

四、毛利润和毛利率的重要性

综上，企业业务收入扣减掉企业的营业成本和税金及附加，即可得到企业的毛利润。毛利润除以企业业务收入，就可以得到企业的毛利率。

毛利率是企业经营里非常重要的一个指标。毛利率的水平传递了企业的业务经营能力。通常一个企业的毛利率有比较显著的行业特色，奢侈品行业的毛利率高，快消品行业的毛利率低，如果一家企业的毛利率水平显著高于同行业的平均水平，那么这家企业的业务经营能力可能非常突出（当然也有财务造假的可能）。

我们看到茅台酒类的毛利率是非常惊人的，贵州茅台的毛利率可以高达 91.25%，其中茅台酒的毛利率还要更高，达到了 93.74%，这说明我们为购买茅台酒所付出的钱里面，花在酒本身的钱其实并没有多少。

通常，企业在现有商业模式不变的情况下，其毛利率升高或降低，都是非常值得关注的。我们需要考虑：到底是企业的成本控制得更好了，还是企业提高了产品或服务价格（收入 = 单价×数量，产品价格上涨也会带动毛利率上升）？再进一步思考：成本下降真的是企业控制的吗？还是市场行情正在好转？若是企业提高了价格，会不会让很多消费者放弃购买，转向其他竞争对手或者替代品？

因此，毛利率的变化通常是企业发展的风向标。

当我们从企业利润表的收入开始看到成本、毛利润和毛利率，其实已经看出了企业经营的概貌。

营业利润如此重要，你还敢不控制费用吗

在开始本节学习前，先快速思考三个关键问题。

(1)什么是企业的“三费”(销售费用、管理费用、财务费用)？

(2)什么是企业的投资收益？

(3)为什么说营业利润是企业经营的核心指标？

当我们经过创造利润的第一步，看到一个企业毛利润的时候，相当于粗略地知道了企业的运营模式；但我们还想知道企业做得好不好，那就涉及创造利润的第二步，即“毛利润 - 销售费用 - 管理费用 - 财务费用 + 投资收益 = 营业利润”。

销售费用、管理费用和财务费用是企业支出的营业费用的三个细分项，因此常常被称为“三费”。这些费用存在的意义是：企业提供的商品或服务并不会自发地和用户连在一起，而是需要获取用户从而产生了销售费用；因为需要管理企业的经营活动，因此产生了管理费用；企业的经营活动需要足够的资金支撑，因而产生了财务费用。正是这三个费用的合理支出，保证了企业能够有序开展。

一、“三费”之一——销售费用

销售费用是企业在销售产品、自制半成品和提供劳务等过程中发生的费用，包括由企业负担的包装费、运输费、广告费、装卸费、保险费、委托代销手续费、展览费、租赁费(不含融资租赁费)和销售服务费、销售部门人员工资、职工福利费、差旅费、办公费、折旧费、修理费、物料消耗、低值易耗品摊销以及其他经费等。

如果说好的产品是有“推力”的，可以把用户推进企业的大门，那么销

售行为就是产生“拉力”,把用户或潜在用户吸引过来,进而产生消费行为。

销售费用作为企业经营费用的重要支出,主要呈现出两大特点。

(1)依附性。即销售费用通常会随着销售收入的增加而增加,随着销售收入的减少而减少,如果企业销售费用增长幅度过高,远高于销售收入的增长,则企业太依赖“拉力”,产品的“推力”不足,该企业的发展前景是有隐忧的。

(2)灵活性。企业为了达成销售目标,通常会把销售费用的权限部分下放给一线销售管理和执行人员,所以销售费用的控制力较弱,管理起来较有难度。

二、“三费”之二——管理费用

管理费用指企业行政管理部门为组织和管理生产经营活动而发生的各项费用,它所指的是在企业经营管理中发生的或者应当由企业统一负担的费用,具体包括:管理者工资福利、公司经费、业务招待费、工会经费、待业保险费、劳动保险费、董事会费、咨询费(含顾问费)、聘请中介机构费、诉讼费、技术转让费、矿产资源补偿费、无形资产摊销、研究与开发经费、排污费、职工教育经费、计提坏账准备和存货跌价准备、存货盘亏或盘盈(不包括应计入营业外支出的存货损失)等。

企业的管理费用和销售费用不同,它不像销售费用的目的那么直接,但它也有两个显著特点。

(1)包容性。管理费用就是一个“大筐”,只要不是销售费用的大多数情况,企业的各项费用都可以往里装,这些费用通常不会直接带动销售额的提升,但同样也是企业经营不可或缺的一部分。

(2)可控性。管理费用更多的是由企业管理层直接掌控,不会过多地下放给一线人员,所以管理费用大多符合预算要求,通常不会出现严重失控现象。

三、“三费”之三——财务费用

财务费用是指企业在生产经营过程中为筹集资金而发生的各项费用。企业想要正常地开展经营活动，通常会有借钱、存钱的情况，借钱会产生利息支出，存钱会有利息收入，所以这些和钱直接相关的理财收入、费用支出都可以归纳为财务费用，具体包括：企业生产经营期间发生的利息支出减去利息收入、金融机构手续费、汇兑净损失，国外借款担保费以及筹资发生的其他财务费用如债券印刷费等。

相对来说，企业的财务费用比销售费用和管理费用简单一些，涉及金额也会小一些，通常不是财务分析的重点。

我们以贵州茅台企业为例，2018 年贵州茅台企业的销售费用是 25.7 亿元，管理费用是 53.3 亿元，单列的研发费用是 0.22 亿元，财务费用是 -0.03 亿元，综合可以得到贵州茅台的费用支出是 79.2 亿元，比上一年同期的 76.5 亿元的费用支出略有上涨，费用涨幅远小于收入增长，而且整体相对于贵州茅台 700 多亿元的营业收入，这个费用水平可以说是控制得非常好了。

单位：元　　币种：人民币

项　　目	本期发生额	上期发生额
销售费用	2 572 076 872.16	2 986 068 544.99
管理费用	5 325 940 762.24	4 701 795 567.31
研发费用	21 953 605.93	18 747 252.83
财务费用	-3 521 209.23	-55 722 346.19
其中：利息费用		880 974.99
利息收入	14 410 823.72	60 687 396.93

如果把销售费用、管理费用、财务费用三者相加，再除以营业收入，就可以得到企业的费用率。费用率指标越低，说明企业经营过程中的费用支出越小，盈利水平越高。尤其是当一个企业发展遇到瓶颈，收入增长缓慢时，控制费用率通常会成为公司运营的重中之重。

四、什么是企业的投资收益

投资收益指企业在一定的会计期间对外投资所取得的回报，它包括对外投资所分得的股利投资收益和收到的债券利息，以及投资到期收回的或到期前转让债权取得款高于账面价值的差额等。

虽然投资收益不如主营业务收入对利润的影响大，但企业的投资行为通常有两个目的：一是，把企业自身闲置的资金拿出来获取财务回报；二是，通过投资实施战略布局，经常会通过投资来控制一些有利于企业长远发展的企业。正因为如此，分析企业的投资收益也显得日趋重要，因为这体现了企业管理和运用资金的能力，尤其是上市公司，这往往也是上市公司市值管理的重要内容。

同时，只要投资就有风险，就有可能造成投资损失，当企业投资到期收回的或到期前转让所得款低于账面价值的差额，就会形成投资损失。所以企业从事投资行为，我们也要一分为二地去看待。

五、什么是营业利润和营业利润率

综上，用企业的毛利润扣减其间产生的三费（销售费用、管理费用、财务费用），再加上投资净收益，同时考虑到资产减值损失（因资产的账面价值高于其可收回金额而造成的损失，该数值通常较小）和公允价值变动（由于市场因素如需求变化，导致商品自身价值的变化产生买卖双方对价格的重新评估所产生的增加或减少），我们就可以得到企业的营业利润，它是指企业在销售商品、提供劳务等日常活动中所产生的利润，也是一家企业的核心利润，持续增长的营业利润是企业不断正向发展的关键标志。

如果我们把营业利润除去营业收入，就可以得到这家企业的营业利润率，而营业利润率的变化趋势，就能够很明显地看出企业经营现状到底好不好。

至此，我们得到了利润表的一个核心信息：企业要赚钱主要靠主营业务带来的收入，而企业的主营业务赚钱的途径有两种，一种是提升主营业务商品或服务的毛利率,另一种是尽可能降低费用。

根据计算得出企业的毛利率和营业利润率,就可以基本判断出企业当前的盈利能力。

主线清晰的利润总额,才是健康的利润结构

在开始本节学习前,先快速思考几个关键问题。

(1)什么是营业外收入、营业外支出?

(2)利润总额指什么?什么样的利润结构是比较健康的?

(3)什么是企业的盈亏平衡点?

通过前面一节的内容,我们明白了企业的营业利润是企业收入的"主力"。但是就像我们本章开头举的北漂青年小文赚取收入的例子一样,一个普通人都会想到可以做兼职赚取"外快",企业自然也会有在主营业务之外获取营业外收入的办法。

由创造利润的第三步"营业利润＋营业外收入－营业外支出＝利润总额"可知,要想得到利润总额,需要确定营业外收入和营业外支出。

一、偶发性的营业外收支

营业外收入指与主营业务无直接关系的一些偶发性收入,主要包括非流动资产处置利得、非货币性资产交换利得、盘盈利得、债权人放弃的债权、政府补助、捐赠利得等。

营业外支出与营业外收入对应,同样是偶发性的,主要包括非流动资产处置损失、非货币性资产交换损失、债务重组损失、公益性捐赠支出、非常损失、非季节性和非修理期间的停工损失、出售的净损失、公益救济性捐赠、职工子弟学校经费和技工学校经费、赔偿金、违约金、行政罚款、固定资产盘亏、报废和毁损等。

二、什么是利润总额

把营业外收入和营业外支出合起来，叫作营业外收支，营业利润加上营业外收支，就可以得到企业的利润总额。

由于营业外收支的偶发性特点，所以它表现为"弱影响且不可持续"。

（1）从营业外收支具体的科目可以看出，营业外收支通常涉及金额不会很大，对企业最终的利润变动影响有限，一家企业要想不断壮大，不可能一直处在"靠天吃饭"的模式。

（2）营业外收支通常是不可持续的，今年有明年可能没有，这个月有下个月可能没有，所以其核心表现就是"一锤子买卖"，这与企业经营活动本身没有关系，它本身便具有明显的不可持续性。

三、健康的企业利润结构原来是这样子的

健康的企业利润结构是什么样的呢？

很简单，那就是企业的营业利润当好利润总额的"主力"，营业外利润当好利润总额的"辅助"，不喧宾夺主。

如果企业的利润总额要靠营业外利润来贡献，那极有可能是以下两种情况。

（1）企业在掩饰自己的报表，想通过会计操作把自己的利润做上去，把最终的净利润数字通过营业外利润予以"美化"。

（2）企业主营业务的盈利能力实在不行，以至于显得营业外产生的利润贡献很大。

以小文的例子来看，他工作收入 10 000 元，副业收入 1 500 元，就比较合理，假如是反过来的，则他的收入稳定性和可持续性就要打问号。

贵州茅台 2018 年的营业外收入是 0.12 亿元，营业外支出是 5.27 亿元，对于贵州茅台整体的收入和利润影响比较小，整体利润结构是健康而又合理的。

单位:元　　币种:人民币

项　　目	本期发生额	上期发生额
三、营业利润(亏损以"－"号填列)	51 342 987 681.18	38 940 007 533.45
加:营业外收入	11 619 526.11	12 201 990.51
减:营业外支出	527 003 759.82	212 137 381.36
四、利润总额(亏损总额以"－"号填列)	50 827 603 447.47	38 740 072 142.60

所以,不管是上面两种情况中的哪一种情况,利润结构不健康的企业,其实际经营情况都不会太好,都不值得善于分析的你投钱进去,或者让你不顾自己的前途发展而为其长期工作。

四、盈亏平衡通常是最重要的临界点

如果我们观察利润总额的数值,可以发现它其实有三种情况。

(1)当利润总额大于0的时候,说明企业在这个时期盈利了,企业赚到了钱。

(2)当利润总额小于0的时候,说明企业在这个时期亏损了,企业没有赚到钱,甚至还赔了钱。

(3)当利润总额等于0的时候,说明企业经营不赚不赔,我们把企业这个时候的状态称为盈亏平衡,即企业处在了盈亏平衡点上。

事实上,盈亏平衡分析是企业财务分析非常重要的一种手段,小到一款产品,大到一家企业,看它什么时候实现盈亏平衡,都是验证其商业模式合理性的核心关键。

尤其是在互联网领域,很多创业公司一开始为了开拓市场,拿着投资人的钱在"烧钱"买用户,只有某家企业有能力突破盈亏平衡点,才能向投资人和市场证明,这家公司具备真正意义上的市场价值。

我们经常会看到很多互联网公司,在融资过后的一段时间,骄傲地对外宣布自己单季度实现了盈亏平衡,或者全年实现了盈亏平衡,这就是这家企业希望向外界传递企业市场价值已经被认可的信息。

对于财务人员来说,盈亏平衡是看一家企业利润创造从量变到质变的重要临界点,盈亏平衡模型是我们非常重要的分析模型,也是需要好好分析与挖掘的。

当我们看到利润总额的时候,可以知道一家企业到底是赚钱的还是不赚钱的。但是,有了利润总额,要想获得净利润,还有一步之遥。

企业梦寐以求的净利润,原来是这么算出来的

在开始本节学习前,先快速思考几个关键问题。

(1)什么是企业的所得税费用?

(2)什么是企业的净利润?

(3)什么是每股收益?

现在,我们来到了企业创造利润的第四步,也就是最后一步,即"利润总额-所得税费用=净利润"。

一、什么是所得税费用

所得税费用指企业利润总额应交纳的所得税,其金额通常并不等于当期应交所得税,而是当期所得税和递延所得税之和,即当期所得税加上递延所得税费用(或者减去递延所得税收益)。

当企业按月度缴纳所得税费用时,实际是会采取月度汇算清缴的方法实现,即多退少补,具体为企业专门设立一个汇算清缴的账户并存入一定数量的现金,在核算出当期所得税时,税款将通过汇算清缴账户结算,即使后期发现存在差异,也会在下一个会计期间返还或者补全。

所以,企业在实际缴纳所得税费用时,需要分别计算当期所得税费用和递延所得税,其中递延所得税的计算方法是:

递延所得税=(期末递延所得税负债-期初递延所得税负债)-(期末递延所得税资产-期初递延所得税资产)

也就是说,该项税费的产生是由于会计上认定的缴税金额与税务局认

定的金额不一致，这是因为时间上的差异而造成的暂时性不同，调整核算差异即可。

当期所得税的计算方法是：

当期所得税＝应纳税所得×所得税税率

其中：

应纳税所得＝税前会计利润（利润总额）＋纳税调整增加额－纳税调整减少额

纳税调整增加额指税法规定允许扣除项目中，企业已计入当期费用但超过税法规定扣除标准的金额，如超过税法规定标准的职工福利费（职工工资及薪金的14%）、工会费（2%）、职工教育经费（8%）、业务招待费、公益性捐赠支出、广告费、业务宣传费，以及企业已计入当期损失但税法规定不允许扣除项目的金额，如税收滞纳金、罚金、罚款。

纳税调整减少额指税法规定允许弥补的亏损和准予免税的项目，如现有制度规定，利润总额可以先用来弥补过去五年企业经营净亏损，然后再纳税，即企业可以先填上之前净利润亏损的坑后再纳税。

企业的所得税税率通常是固定的，具体分为两种情况：一是，一般企业按25%的比例缴纳所得税，即应纳税所得的25%作为税收上交国家财政；二是，国家对三资企业和部分高科技企业采用15%的优惠税率，其所得税率低于一般企业，而且不同地方还会有不同的优惠政策，税率可能还会进一步调整。显而易见的是，当两家企业的经营条件相当时，所得税率较低的企业，经营效益要好一些，最终得到的净利润也会更多。

依法纳税是企业应尽的义务，但是这一部分支出也可以在“合理、合规和合法”的情况下，用正确的办法来节税。

二、净利润是企业辛苦经营的“成绩单”

用企业当期利润总额减去所得税费用后的金额，即是企业的净利润。

净利润可以说是一家企业辛苦经营最终得到的“成绩单”，它是衡量一家企业经营效益的主要指标，通常企业尤其是上市公司会在季报、中报、年报的利润表中公布净利润的相关信息,会对外披露企业单季度的净利润以及本年度期初到截止日期的净利润(对于上市公司来说,一般会去查看归属母公司的净利润)。

如果一家企业的净利润多,我们可以认为该企业的经营效益较好;如果一家企业的净利润少,我们可以认为该企业的经营效益较差。净利润,对于企业很重要,主要表现在以下几个方面。

(1)对于企业的投资者来说,净利润是获得投资回报大小的基本因素。

(2)对于企业管理者而言,净利润是进行经营管理决策的基础。

(3)对于企业职员,净利润是个人衡量所在公司发展前景的重要考量。

(4)对于财务分析人员,净利润是评价企业盈利能力、管理能力以及偿债能力的基本指标。

贵州茅台 2018 年创造的利润总额是 508.3 亿元,应缴纳的所得税费用是 130.0 亿元,所以贵州茅台在 2018 年的净利润是 378.3 亿元。可以看到贵州茅台的净利润还是非常可观的,所以贵州茅台一直是股票市场里的蓝筹股。

单位:元　　币种:人民币

项　　目	本期发生额	上期发生额
四、利润总额(亏损总额以"-"号填列)	50 827 603 447.47	38 740 072 142.60
减:所得税费用	12 997 985 690.66	9 733 648 906.60
五、净利润(净亏损以"-"号填列)	37 829 617 756.81	29 006 423 236.00

三、什么是净利润增长率

净利润作为企业评价的关键指标,对其趋势的分析尤其重要,我们可以用净利润增长率这个指标来衡量。净利润增长率的公式:

净利润增长率=(本年净利润-上年净利润)÷上年净利润×100%=(本年净利润÷上年净利润-1)×100%

如果一家企业的净利润增长率是持续增加的,说明企业发展趋势向好,盈利能力越来越强;如果一家企业的净利润增长率是负的,哪怕企业的净利润是正的,也说明企业的盈利能力在减弱,企业当前处在需要警惕的状态。

四、什么是每股收益

对于上市公司而言,用净利润除以企业的股本总数,就可以得到这家公司的每股收益(EPS),每股收益通常也称每股盈利、每股税后利润或每股盈余。若该上市公司只有普通股,净利润指税后净利,股份数指流通在外的普通股股数;如果该公司还有优先股,则应从税后净利润中扣除分派给优先股东的股利。

每股收益指本年净利润与普通股总数的比值,根据股数取值的不同,有全面摊薄每股收益和加权平均每股收益两种。

(1)全面摊薄每股收益:指计算时取年度末的普通股份总数,理由是新发行的股份一般是溢价发行的,新老股东共同分享公司发行新股前的收益。

(2)加权平均每股收益:指计算时股份数用按月对总股数加权计算的数据,理由是由于公司投入的资本和资产不同,收益产生的基础也不同。

每股收益这个指标体现的是一名普通股股东每持有该公司一股所能享有的企业净利润或需承担的企业净亏损。由于每股收益反映了普通股的获利水平,所以它也是企业投资者、中小股民等借以评价企业盈利能力、预测企业成长潜力的依据,可以依此做出经济上的决策。

在进行每股收益的分析时,通常可以有以下几种比较方式。

(1)成长对比:可以对不同时期进行比较,了解该公司盈利能力的变化趋势。

(2)预实对比:可以对经营实绩和盈利预测进行比较,掌握该公司的管理能力。

(3)竞品对比:可以与行业内平均水平或行业内公司间进行比较,以评价该公司在相对竞争的市场环境下的盈利能力。

我们以贵州茅台 2018 年的每股收益来看,2018 年贵州茅台的每股收益为 28.02 元/股,相较 2017 年每股收益为 21.56 元/股,同比上涨了 30%,可以说是非常不错了。

八、每股收益	2017年	2018年
（一）基本每股收益（元/股）	21.56	28.02
（二）稀释每股收益（元/股）	21.56	28.02

五、股市投资者都关注的市盈率

用企业的股票价格除以每股收益，就会得到企业的市盈率（Price Earnings Ratio，P/E或PER），也可以称为“本益比”“股价收益比率”或“市价盈利比率”，这个指标经常用来评估股价水平是否合理，是股市投资者较为关注的指标。

一般情况下，如果一家公司股票的市盈率过高，那么会认为该公司的股票价格有泡沫，价值被高估。

到这里我们就完成了从收入到净利润的四步骤，相信读者已经全面了解利润表的所有内容。接下来，就让我们一起复盘一下利润的关键分析要点，看看到底应该如何利用好利润表。

这样看利润表，你就全都掌握了

在开始本节学习前，先快速思考几个关键问题。

（1）复盘利润表中从收入到利润的创造过程，有哪些核心要点值得重点关注？

（2）假如你是企业的投资人，要如何去看利润表？

一、利润表其实就是不断创造“四利”的过程

西汉著名史学家、文学家和思想家司马迁在其著作《史记》129卷“货殖列传”中曾经一针见血地指出：天下熙熙，皆为利来；天下攘攘，皆为利往。

这句话的意思很明显，翻译过来就是，天底下的人为了获得利益而蜂拥而至；天底下的人为了获得利益各奔东西。

同样地，一家企业作为一个以盈利为目标的组织，其经营机制实质上就是一个利益驱动机制，其出发点和归宿点也始终是盈利。利润表作为财务三大报表之一，就是要把企业存在的经济价值的大小，用数字很精确地体现出来，从而帮助我们了解这家企业的实际经营情况。

整体上看，利润表采用的是“单线叙事”的逻辑，其内核类似于“漏斗式”的从收入到净利润、从大到小的逐级递减，所以还是比较好理解的。

我们要复盘利润表的内容并进行分析，关键是看企业到底如何通过自己的经营活动，不断创造出“四利”。

（1）毛利：企业通过提供商品、服务和让渡资产使用权来获取收入，再扣除配比的成本和税金及附加，得到企业的毛利润。

（2）营业利润：企业用毛利润减去“三费”（销售费用＋管理费用＋财务费用），再加上企业通过投资的收益，就得到企业的营业利润。

（3）利润总额：企业用营业利润和营业外收支相加，得到企业的利润总额。

（4）净利润：企业在利润总额的基础上扣除所得税费用，得到企业的净利润。

二、我们要如何正确查看利润表

理解了企业的利润表构成后，当我们拿到某家企业的利润表时（比如看上市公司定期披露的利润表），应该重点关注以下五个方面：

1. 查看企业的营业收入

通过营业收入可以看出企业当前的经营状况（企业的“经营盘子”有多大）和发展趋势（发展趋势是向好还是变差）。

通常来说，企业的营业收入相对于同一行业领域的竞争对手来说规模较大，同时还保持着高于行业平均水平的增长，这样的企业就是优质企业，该企业往往也是行业实际或潜在的领军者。如果一个企业的营业收入多但增长慢，说明企业实力雄厚但发展潜力有限；如果一个企业的营业收入少但增长很快，甚至增速远高于行业平均水平，这个企业可能现在不强但前景很好,正处在飞速成长期;如果一个企业的营业收入不多且增长很慢,这个企业可能不只没有前景,连生存都是个问题。

虽然企业要持续经营,其收入增长的意义大于一切,但当我们看到营业收入增长时,也要进一步深挖原因,要谨慎看待增长,尤其是高速增长,要先考虑增长背后的动因是什么:是用户的需求或潜在需求在扩张?企业占有的市场份额扩大了?还是企业提高了商品或服务价格了?

如果是用户需求增长了、用户规模扩张了或者短暂的需求被刺激了,这个需求是否可持续?可以持续多久?如果是涨价了,竞争对手会用什么策略来制衡?用户是否会有所流失而选择替代品?

所以,一个看似简单的营业收入,对比不同时期,对比不同竞争对手,可以看出很多重要信息。

2. 查看企业的毛利率

毛利率,即毛利润与营业收入的比值。通常来讲,具有高毛利率的企业意味着具有高竞争力,用户对该企业的商品和服务认可度好;而一个低毛利率的企业往往意味着其对运营要求很高,因为经营时稍有不慎费用超支,其净利润就有可能由正转负。当然,这种比较一定是同行业的,因为不同行业的毛利率不一样(比如,珠宝行业的毛利率比快消品的毛利率高)。如果一个企业的毛利率高于行业其他竞争对手,那么企业的竞争力通常较强。

同时,我们要关注企业毛利率的变化,并判断这些变化是因为商品或服务提高了价格,还是因为产品创新、产品结构发生了变化。

3. 查看企业的费用率

企业经营者对企业的费用率的感觉就是——“恐高”,企业的经营者一般会严格控制“三费”,不让费用太高。

销售费用高,意味着企业的商品或服务自身没有“拉力”,必须靠营销“推力”来带动,当企业规模越大,其系统性风险就会越强。如果一个企业的管理费用的增长超过了营业收入的增长,说明出现了管理上的冗余;如果管理费用里的研发费用支出太多,则要一分为二地看,虽然有可能是企业为了未来发展在加大前期的科技投入，但这个投资未来能否兑现，也是存在风险的。

4. 查看企业的营业利润率

营业利润率是营业利润在营业收入的占比，基本完整地体现了企业的盈利能力：营业利润率越高，企业的盈利能力越强。

导致营业利润率变动的原因通常有很多，商品或服务涨价、成本下降、费用降低。同样要进一步思考：提价之后市场份额会变小吗？成本是怎么降的，是行业周期的原材料成本下降吗？是一次性还是可以持续的？费用控制会不会伤到团队的战斗力？这个策略竞争对手可以跟随吗？

5. 查看企业的净利润和净利润率

企业的净利润是企业的最终经营成果，需要重点关注，这个指标既可以和自身进行同比和环比，也需要关注与竞争对手的比较。

企业的净利润率也需要我们重点关注，因为该指标综合反映一个企业的经营效率，是经营效率的最终体现。

三、你一定要小心的利润表假象

因此，我们可以从利润表里读出很多有用的信息，如果只是单纯地看其中某一两个指标，则不能完整地看清企业盈利的全貌，甚至有可能得出完全相反的结论。

下面举例来说明。

设想一下，假如你育有一位可爱的女儿，恰处结婚年龄的她，这次带回家一位男朋友。这时，你作为未来的准丈母娘，想要好好考察一下这个准女婿，除了人品、才学、生活能力、相貌等诸多方面，赚钱能力也是其中必须要考察的方面，以看他是否未来有能力给你女儿足够的财务保障，那么关于这方面你打算盘问哪些问题？

不得不说，绝大多数丈母娘都是不太合格的，由于她们缺乏对相关问题深度的思考，所以在考察未来女婿赚钱能力的时候都只是问到了部分问题，这也往往导致女儿的终身幸福毫无财务保障可言。

为什么这么说呢?

我们来看一下,未来的丈母娘,见面时通常都会问的问题是:小伙子,你是做什么的?

小伙子回答说:我是在互联网公司做运营的。

丈母娘追问道:那你一个月赚多少钱啊?

小伙子回答说:没多少,现在一个月赚5万元。

丈母娘心理盘算:小伙还不错,挺能赚钱的。

但是,如果你看过了利润表的逻辑,就会发现,丈母娘的这个结论下的实在是太早了。

首先,丈母娘看到了小伙子的“营业收入”,并且大致对比小伙子的年龄(自己和过去的自己比应该算增长快的)和同龄人比(在北京这个收入水平并不低),算是完成了第一步考核。

但是,这个小伙子能赚钱,完全不能代表他就有足够的钱保障未来的婚后生活支出。

试想,如果我们按照利润表的逻辑去看,这个小伙子每个月5万元左右的收入,如果算到手的收入仅为37 246元,收入的“毛利率”为74.5%,相对税前已经有比较大幅的“缩水”。

进一步,小伙子一个月的开支“费用率”会是多少呢?如果小伙子每个月赚得多,花得很多,甚至身上还背有债务,每个月要承担巨额的费用支出呢?

再进一步,小伙子赚的钱主要是自己工作带来的“主营业务收入”,还是“营业外收入”占多数呢?他的“营业利润率”是多少?他的这个5万元收入是可持续的平均值,还是某几个月的高光时刻?他收入的“主线”和“辅线”健康合理吗?

最后,小伙子每个月的可支配收入到底有多少,“净利润”和“净利润率”是多少?

如果这些问题都不关注的话,就有一种可能,那些看似光鲜的收入背后,可支配收入这个值反而会是负的!

所以，作为母亲，想要给女儿未来财务基础相对轻松、基本生活有保障的婚后生活，却在考核准女婿赚钱能力这项时，只看了收入不去看可支配收入，结果把自己的女儿交给一个财务负担很重的人，是否是对女儿未来幸福的不负责任？

以上故事虽完全虚构，但可加深我们对利润表的理解。

四、针对利润表，你还可以这样思考

利润表作为最受资本市场追捧的一张表（上市公司在年度财务报告的摘要中绝大部分的数据都会来自利润表），投资者也应该像精明的丈母娘一样，挑剔地把这家企业的收入、毛利率、费用率、营业利润率、净利润和净利润率全部都打量一遍。

但这还不够，投资者还需要像一位老练的警察调查案件一样，审视企业披露这些信息的可靠性、真实性。

营业收入增长很快，收入确认的口径是什么？这次确认的口径是否发生了变动？这种变动是不是有"注水"的可能？

企业的净利润数字不错，主要是什么原因引起的？如果是控制费用有明显提效，是不是在牺牲了未来增长的前提下实现的？

营业外收入是否有大幅变动？是不是营业外利润增长带动了最终净利润的增长？

…………

只有经过无数次这样的灵魂拷问，才能透过利润表更好地了解一家企业的经营情况。

不过，只是看企业的利润表，只能了解企业的一个方面，就像前面举的主题餐厅的例子，一个企业的净利润可能很好，但是现金流很差，也有可能导致企业倒闭。因此，企业的现金流也非常重要，值得重点关注。

接下来，我们就来看一下财务报表的第二张表——现金流量表，一起来看看它给我们带来了什么样的信息吧！

| 第三章 |

现金流量表——增加企业的活力

快速读懂现金流量表的核心逻辑

在开始本节学习前,我们先快速思考几个关键问题。

(1)为什么人们会说企业经营的第一法则是“现金为王”？现金流量表的三个主要流入或支出的项目是什么?

(2)现金流量表的现金指的只是“现钱”吗?

(3)为什么利润表是权责发生制,现金流量表用的却是收付实现制?

下表是贵州茅台酒股份有限公司2018年1月到12月的现金流量表中的现金流量数据。

贵州茅台合并现金流量表

2018年1月到12月

单位:元

币种:人民币

项　　目	本期发生额	上期发生额
一、经营活动产生的现金流量:		
销售商品、提供劳务收到的现金	84 268 695 732.62	64 421 479 343.02
客户存款和同业存放款项净增加额	1 010 398 131.22	-316 204 577.99
向中央银行借款净增加额		
向其他金融机构拆入资金净增加额		
收到原保险合同保费取得的现金		

续表

项　目	本期发生额	上期发生额
收到再保险业务现金净额		
保户储金及投资款净增加额		
处置以公允价值计量且其变动计入当期损益的金融资产净增加额		
收取利息、手续费及佣金的现金	3 444 983 166.57	2 722 025 536.31
拆入资金净增加额		
回购业务资金净增加额		
收到的税费返还		
收到其他与经营活动有关的现金	621 558 368.29	542 162 210.47
经营活动现金流入小计	89 345 635 398.70	67 369 462 511.81
购买商品、接受劳务支付的现金	5 298 518 032.55	4 875 768 504.16
客户贷款及垫款净增加额	3 000 000.00	-28 393 350.80
存放中央银行和同业款项净增加额	920 713 957.76	8 727 170 068.53
支付原保险合同赔付款项的现金		
支付利息、手续费及佣金的现金	117 086 309.02	146 330 216.72
支付保单红利的现金		
支付给职工以及为职工支付的现金	6 653 137 733.66	5 489 606 122.48
支付的各项税费	32 032 178 125.92	23 065 648 503.05
支付其他与经营活动有关的现金	2 935 766 833.07	2 940 296 363.54
经营活动现金流出小计	47 960 400 991.98	45 216 426 427.68
经营活动产生的现金流量净额	41 385 234 406.72	22 153 036 084.13
二、投资活动产生的现金流量:		
收回投资收到的现金		
取得投资收益收到的现金		
处置固定资产、无形资产和其他长期资产收回的现金净额	16 450.00	
处置子公司及其他营业单位收到的现金净额		
收到其他与投资活动有关的现金	11 244 181.30	21 430 672.95
投资活动现金流入小计	11 244 181.30	21 447 122.95
购建固定资产、无形资产和其他长期资产支付的现金	1 606 750 226.28	1 125 017 192.45

续表

项　　目	本期发生额	上期发生额
投资支付的现金		
质押贷款净增加额		
取得子公司及其他营业单位支付的现金净额		
支付其他与投资活动有关的现金	33 456 659. 58	17 075 145. 10
投资活动现金流出小计	1 640 206 885. 86	1 142 092 337. 55
投资活动产生的现金流量净额	-1 628 962 704. 56	-1 120 645 214. 60
三、筹资活动产生的现金流量:		
吸收投资收到的现金	6 000 000. 00	
其中:子公司吸收少数股东投资收到的现金	6 000 000. 00	
取得借款收到的现金		
发行债券收到的现金		
收到其他与筹资活动有关的现金		
筹资活动现金流入小计	6 000 000. 00	
偿还债务支付的现金		
分配股利、利润或偿付利息支付的现金	16 441 093 160. 06	8 905 177 880. 80
其中:子公司支付给少数股东的股利、利润	2 624 173 549. 23	379 363 405. 61
支付其他与筹资活动有关的现金		
筹资活动现金流出小计	16 441 093 160. 06	8 905 177 880. 80
筹资活动产生的现金流量净额	-16 441 093 160. 06	-8 899 177 880. 80
四、汇率变动对现金及现金等价物的影响	29 006. 86	72 948. 86
五、现金及现金等价物净增加额	23 315 207 548. 96	12 133 285 937. 59
加:期初现金及现金等价物余额	74 928 080 750. 58	62 794 794 812. 99
六、期末现金及现金等价物余额	98 243 288 299. 54	74 928 080 750. 58

第二章我们在介绍利润表的时候,讲到了一个在北京开主题餐厅的例子。通过例子可以发现,哪怕一个企业的净利润数字很漂亮,也极有可能因为不良的现金流而导致企业破产倒闭。俗话说“一分钱难倒英雄汉”,当企业

缺乏足够的资金进行正常运营的时候,不要说发展了,连生存都是问题。

由此可见,除了持续性观测企业的盈利能力,对于企业现金流变化的持续观测也是十分重要的。因此,这就需要我们通过现金流量表来了解企业现金流的实际情况来指导企业的运营管理。

一、北漂青年小文的生活故事——“爱记账好处多又多”

那么,到底如何用现金流量表来分析一家企业的现金流情况呢?我们还是先来看一个例子。

我们看看上一章提到的北漂青年小文最近一个月的生活流水账。

(1)月初1号,小文的手机话费余额不足,于是充话费100元。

(2)5号,公司通过银行给小文发放工资10 000元,扣除保险、住房公积金和个人所得税后,实际到账7 696.6元。

(3)这个月恰好到了交房租的月份,依据租赁合同,他需要在当月15号一次性缴纳三个月的房租,共计3 500 ×3 =10 500(元)。

(4)每天的日常开支如交通费、伙食费都是基本固定的,早晚坐地铁需要12元,早餐10元,午餐30元,晚餐25元,通常一天的交通费和伙食费支出大约77元。

(5)月末30号,添置约300元的生活用品。

(6)每月兼职司机,收入在每周二提现一次,约375元,每半个月加一次汽油,约250元。

(7)每月月末给父母寄500元。

(8)恰逢这个月有旅游黄金周,退休了的爷爷和奶奶来北京旅游,探望独自在北京奋斗的孙子,临走前留下10 000元。

(9)小文将工资花剩下的钱、之前攒的钱和爷爷奶奶给的钱共40 000元一分为二,一份买了年化收益为4.0%的理财产品;另一份买了两只股票。

二、流水账背后的财务内核

从小文洋洋洒洒一堆流水账中,我们可以从现金的获取和支出的角度来观察他一个月的生活轨迹,大致可以将这些现金的获取和支出归为以下三种情况。

第一种是最基本的工作、生活的收入和支出。小文的工资收入、兼职收入、交话费、交房租费、交通费、伙食费、购买生活用品费、养车支出都属于这个分类。可以看到,这个分类是小文主要的收入和支出重点,主要现金动态都和这个项目相关。

第二种是理财投资的收入和支出。小文购买理财产品、炒股票的支出,属于这个分类。可以看出,这个现金的动态支出是小文主动出击,在经济条件允许的情况下额外的现金变动行为。

第三种是亲朋好友馈赠的收入和支出。爷爷奶奶临行给小文留下的一万元属于这个分类。可以看出,这个类型的现金变化是比较少见的,实际发生的频率比较低。

所以,小文一个月现金收入和支出的总和就等于工作、生活的收入和支出,加上理财投资的收入和支出,再加上亲朋好友馈赠的收入和支出。

三、引申到企业的现金流量表

如果我们把个人的现金收入、支出模式和企业在财务上的现金流量变动进行对比,就会发现二者有着惊人的相似性,因为企业存在就要赚钱和花钱,这与个人生存就要赚钱和花钱是完全一样的。

企业的现金流量,可以划分为经营性活动产生的现金流量、投资性活动产生的现金流量和筹资性活动产生的现金流量。

(1)经营性活动产生的现金流量,类似于个人现金里的工作、生活的收入和支出。

(2)投资性活动产生的现金流量,类似于个人现金里的理财投资的收入和支出。

(3)筹资性活动产生的现金流量,类似于个人现金里亲朋好友馈赠的收入和支出。

由此三种现金流量编制而成的现金流量表,可用于分析企业在短期内有没有足够现金去应付开销。

企业的现金流量表有两个前提值得我们重点关注：一是这里的现金到底指的是什么；二是现金流量表遵循的是收付实现制，和利润表的权责发生制是不一样的。

四、你以为的现金可能并不是对的

现金流量表的现金，并不是单纯地指企业的库存现金，而是指企业库存现金、可以随时用于支付的存款以及现金等价物的总和。

具体来看，这里的现金包括以下四个方面：

（1）库存现金。它是指由企业所持有、可随时用于支付的现金（这里的“库存现金”和会计核算中的“现金”科目所包括的内容是完全一致的）。

（2）银行存款。它是指企业在银行或其他金融机构随时可以用于支付的存款（这和会计核算中“银行存款”科目所包括的内容基本一致）。但其中需要我们注意的是，存在银行或其他金融机构的款项中，提前通知银行或其他金融机构便可支取的定期存款，包含在现金流量表中的现金。如果是不能随时用于支付的存款，则不能作为现金流量表中的现金，比如不能随时支取的定期存款等。

（3）其他货币资金。它是指企业存在银行有特定用途的资金或在途中尚未收到的资金，如信用证保证资金、外埠存款、银行汇票存款、银行本票存款、在途货币资金等资金。

（4）现金等价物。它是指企业持有的投资，但只是指在资产负债表上“短期投资”项目中符合期限短、流动性强、易于转换为已知金额现金、价值变动风险很小的投资，它的主要特点是流动性强并可随时转换成现金的投资，所以通常是指那些购买在三个月或更短时间内即到期或即可转换为现金的投资。例如，某企业于2019年11月1日购入2017年1月1日发行的期限为三年的国债，购买时还有两个月就要到期了，那么这项短期投资就可以视为现金等价物。

五、什么是收付实现制

企业是否有能力完成按期偿还债务、支付利息、分派股利等经营支出,这在很大程度上取决于企业实际拥有的现金,所以和利润表不同,现金流量表必须要通过收付实现制反映企业实实在在拥有的现金到底有多少。

所谓收付实现制,就是以现金的收入和支出来界定收入和费用,这要求以款项实际的收付为标准来确定本期收入和费用,从而计算出本期的盈亏。因此,与利润表权责发生制的情况不同,收付实现制有如下两种情况:

(1)只要是在本期实际收到的现款收入,不论其是否属于本期,都要算作本期应计的收入。

(2)在现金收付的基础上,只要是在本期实际情况中以现款付出的费用,不论其应否在本期收入中获得补偿,都要算作本期费用处理。

反过来说,凡是本期还没有以现款收到的收入和没有用现款支付的费用,即使它归属于本期,也不作为本期的收入和费用处理。

以第二章讲到的卖牛奶的例子来看,由于在第三个月的时候才收到消费者交纳的牛奶费,按权责发生制则要分别在三个月内确认收入。但按照收付实现制来看,尽管该项收入不是第三个月才创造的,但因为该项收入是在第三个月才收到,所以只作为第三个月的现金流入。

相比权责发生制来看,收付实现制有三个特点:

(1)计算方法比较简单,也符合人们的生活习惯。

(2)收付实现制都是实际发生的,相对来说比较客观、可比,而权责发生制有折旧、摊销、存货计价等处理,具体的数据会在一定程度上丧失客观性和可比性。

(3)收付实现制的现金流量更适合对投资决策进行判断,尤其是长期投资。长期投资由于时间长、风险高,投资者不仅要考虑投资收益水平,还要关心投资的赎回和经营的可持续性,因为只有投资期限内现金流入量超过现金流出量,投资方案才是健康和合理的。

现在，我们对现金流量表有了通俗的理解，同时也建立了对现金流量表整体的框架感。接下来，分别介绍现金流量表三大部分具体包含的内容。

经营性活动产生的现金流量

在开始本节学习前，我们先快速思考三个关键的小问题。

（1）什么是经营性活动产生的现金流量？

（2）经营性活动产生的现金流入和流出都包括什么？

（3）什么是经营性活动的现金流量的直接法和间接法？

一、为什么经营性活动的现金流量更重要

前面我们介绍过，企业的现金流量可以划分为经营性活动产生的现金流量、投资性活动产生的现金流量和筹资性活动产生的现金流量三类。其中，经营性活动产生的现金流量相对投资性活动和筹资性活动的现金流量更加重要，主要有以下三个原因：

第一，经营性活动的现金流量管理是企业生存的前提。任何一家企业要保证正常运营，都必须要拥有相对合适的经营性活动的现金流量，它反映的是企业自身的"造血功能"，一旦这个环节出现问题，就会像之前举到的主题餐厅的例子那样，给企业的生存带来毁灭性的打击。所以，即使企业账面上的净利润数字再好看，如果经营性活动的现金流量出现问题，企业的财务状况也将面临很大的风险。

第二，经营性活动的现金流量管理是企业持续发展的保障。企业存在除了想要生存，发展也是永恒的主题。而发展就需要企业不断扩大生产、研发新产品、拓展新领域，这一切都离不开持续稳定的资金投入。因此，通过经营性活动的现金流量管理，不断增加企业内部的资金积累，能让企业在竞争激烈、复杂多变的环境中谋求发展和壮大。

第三，经营性活动的现金流量管理往往是做好企业投资和筹资管理的基础。一家企业要对外进行投资和筹资活动，必须要有足够的现金流作为

保障,而企业现金流的主要来源是经营性活动产生的现金流,因此只有先把经营性活动的现金流管理做好了,才能进行投资活动和筹资活动的管理。

因此,经营性活动的现金流量,作为企业现金的主要来源,是指企业投资性活动和筹资性活动以外的所有交易和事项产生的现金流量,具体是指扣除发行人维持正常经营所需的付款项目、利息、优先股股息和税费之后,从核心经营活动中获得的现金流。

二、企业的经营活动有哪些

企业的经营活动范围很广,就工商企业来说,主要包括了以下几个方面:销售商品、提供劳务、经营性租赁、购买商品、接受劳务、广告宣传、推销产品、缴纳税款等。可以看出,经营性活动产生的现金流量,主要与获取净利润有关。当然,利润表中一定时期的净利润并不一定都构成经营性活动产生的现金流量。例如,在处置固定资产的净收益和净损失以及其他活动所形成的收益或损失,都是净利润的组成部分,但这些并不是经营性活动产生的现金流量。

三、经营性活动现金流量的流入

具体来看,经营性活动产生的现金流量的流入,主要包括收到现金、税费返还和收到其他经营性活动产生的现金流入。

(1)收到现金,主要指企业销售商品、提供劳务收到的现金(这里也包含销项税金、销售材料、代购代销业务的部分),其计算公式:

收到现金 = 主营业务收入 + 销项税金 + 其他业务收入(不含租金) + 应收账款(初 - 末) + 应收票据(初 - 末) + 预收账款(末 - 初) + 本期收回前期核销坏账(本收本销不考虑) - 本期计提的坏账准备 - 本期核销坏账 - 现金折扣 - 票据贴现利息支出 - 视同销售的销项税 - 以物抵债的减少 + 收到的补价

必须说明的是,这一部分现金是经营性活动现金流入的绝大部分,所以这部分金额较多是正常的,如果情况相反则要十分警惕。

(2)收到的税费返还,主要指返还的增值税、消费税、关税、所得税、教育费附加。

通常来看,这一部分的金额相对较小,很多企业这一项金额直接为零,只有国家财政扶持的企业或地方政府支持的上市公司等企业才有机会涉及。

(3)收到其他经营活动,主要指罚款收入、个人赔偿、经营租赁收入等。

显而易见,这一部分的现金流入不是常态,通常金额也不会太大。

四、经营性活动现金流量的流出

经营性活动产生的现金流量的流出,主要包括支付现金、支付给职工以及为职工支付的现金、支付的各项税费和支付其他经营活动产生的现金流出。

第一,支付现金,主要指购买商品、接受劳务支付的现金(也包含扣除购货退回、含进项税部分),其计算公式:

支付现金 = 主营业务成本 + 进项税金 + 其他业务支出(不含租金) + 存货(末 - 初) + 应付账款(初 - 末) + 应付票据(初 - 末) + 预付账款(末 - 初) + 存货损耗 + 工程领用、投资、赞助的存货 - 收到非现金抵债的存货 - 成本中非物料消耗(人工、水电、折旧) - 接受投资、捐赠的存货 - 视同购货的进项税 + 支付的补价

同样,这一部分现金是经营性活动的现金流出的绝大部分,这部分金额较多是正常的。当然,这个金额是否合理,也要看是否能够与企业的经营规模相匹配。

第二,支付给职工以及为职工支付的现金,这主要包括支付给职工的工资、奖金、津贴、劳动保险、社会保险、住房公积金、其他福利费(不包括在建工程、无形资产负担的职工薪酬以及离退休人员的职工薪酬部分)。

第三,支付的各项税费,主要指本期实际缴纳的增值税、消费税、关税、所得税、教育费附加、矿产资源补偿费、“四税”等各项税费(不包括计入固定资产价值、实际支付的耕地占用税和本期退回的增值税、所得税等税费)。

第四,支付其他经营活动,主要指罚款支出、差旅费、业务招待费、保险支出、经营租赁支出等支出。

最后,在完成分列经营性活动产生的现金流量后,会有经营活动产生的现金流入、流出的小计,再将两者相减汇总,即形成经营性活动产生的现金流量净额。

五、经营性活动现金流量的列报方法

经营性活动现金流量的列报方法通常有两种:一是直接法,二是间接法。

(1)直接法是指通过现金流入和流出的主要类别直接反映企业经营性活动的现金流量的报告方法,这和我们上面介绍的计算方法一致。通过直接法报告现金流量的方式,可以直接揭示企业经营性活动现金流量的来源和用途,有助于帮助我们准确预测企业未来的现金流量。

采用直接法列报的经营性活动的现金流入主要项目包括以下方面。

①销售商品、提供劳务收到的现金。

②收到的税费返还。

③收到的其他与经营活动有关的现金。

采用直接法列报的经营性活动的现金流出主要项目包括以下方面。

①购买商品、接受劳务支付的现金。

②支付给职工以及为职工支付的现金。

③支付的各项税费。

④支付的其他与经营活动有关的现金。

经营性活动的现金流入减去经营性活动的现金流出,即为经营性活动产生的现金流量净额。

(2)间接法是指在企业当期取得的净利润基础上,通过有关项目的调整,从而确定经营性活动的现金流量。这是一种从最终结果的净利润反向倒推经营性活动的现金流量的办法。通过间接法报告现金流量的方式,可以揭示净收益与净现金流量的差别,有利于分析收益的质量和企业的营运资金管理状况。

相对来说，间接法理解起来也会复杂一些，因为要想将“净利润”调整成为“经营性活动的现金净额”，需要进行以下四步调整计算。

①扣除非经营性活动的损益（包括投资和筹资活动的损益），具体为：处置固定资产、无形资产、其他长期资产的损失；固定资产报废损失；财务费用；投资损失（减收益）。可以得出，将净利润扣除“非经营性活动的损益”后，得到的是“经营性活动的净损益”。

②加上不支付经营资产的费用，具体为：计提的减值准备；计提的固定资产折旧；无形资产摊销；长期待摊费用摊销；待摊费用减少；预提费用增加。主要是因为这6种费用虽然在计算利润时予以扣除，但并没有在本期支付现金，所以要将其加回去，这里得到的就是“经营性活动的应得现金”。

③加上非现金流动资产减少，具体为：存货减少（减增加）；经营性应收项目减少，包括应收票据减少（减增加）、应收账款减少（减增加）、预付账款减少（减增加）、其他应收款减少（减增加）。

④加上经营性应付项目增加，具体为：应付票据增加（减减少）、应付账款增加（减减少）、其他应付款增加（减减少）、应付工资增加（减减少）、应付福利增加（减减少）、应交税金增加（减减少），以及递延税款贷项（该项目的性质比较特殊，也可列为非经营损益）。

由于直接法能够帮助我们准确地预测企业未来的现金流量，而间接法可以帮助我们分析收益的质量和企业的营运资金管理状况，所以我们往往需要结合起来通盘考虑企业的经营性活动的现金流量。

到这里，我们已经把企业经营性活动产生的现金流量情况介绍完了，接下来，让我们再来看看企业的投资性活动产生的现金流量吧。

投资性活动产生的现金流量

在开始本节学习前，我们先快速思考三个关键问题。

（1）什么是投资性活动产生的现金流量？

（2）投资性活动的现金流入和流出都包括哪些内容？

（3）为什么要一分为二地去看投资性活动的现金流量？

一、投资性活动的现金流量为什么很重要

投资性活动的现金流量作为现金流量表的第二项组成部分，反映的是企业对固定资产或金融工具等投资活动所发生的现金流量，也是企业现金流的重要组成部分，主要体现在以下两个方面：

（1）如果说经营性活动的现金流量，它反映的是企业自身的“造血功能”，那么投资性活动的现金流量，反映的则是企业“向外输血的功能”，企业通过对固定资产和有价证券的买卖，以及对其他企业的并购，把自己富余资金的效用最大化。

（2）投资性活动的现金流量，是保障企业长远发展的重要举措。企业将经营性活动产生的现金流入用于投资性活动的现金流出，保障了企业资金的财务收益，还能通过一些战略性投资增强企业的核心竞争力，形成竞争对手难以超越的竞争壁垒。

二、投资性活动现金流量的流入

具体来看，投资性活动产生的现金流入，主要包括收回投资的现金，取得投资收益收到的现金，处置固定资产、无形资产和其他长期资产收回的现金净额，处置子公司及其他营业单位收到的现金净额，收到其他投资活动的现金等。

（1）收回投资的现金，指以出售、转让、到期收回的短期股权、短期债权、长期股权、长期债权本金（不包含长债利息、非现金资产等）。

通常来说，这个项目没有金额或金额较小，否则就是企业有重大资产转移的行为，就应当去衡量企业投资的账面价值和收回现金之间的差额，来评估是否合理。

（2）取得投资收益收到的现金，指的是收到的股利、利息、利润（不包含股票股利）。

很明显,收到这一部分现金的前提是企业“前期耕耘”的收获,即企业之前有股权性投资,从子公司、联营企业或合营企业分回利润收到的现金,或者因为债权性投资而取得的现金利息收入。

可以看出,企业当前正处在投资回报期,将前期投入的收益回归企业,这一项可以看到企业的投资回报率到底是高还是低。

(3)处置固定资产、无形资产和其他长期资产收回的现金净额,指的是处置固定资产、无形资产、其他长期资产收到的现金,再减去处置费用后的净额(包括因资产损失而收到的保险赔偿;若该值为负数则在“其他投资活动”反映),而这种处置有可能是出售或者是报废相应的资产。

如果企业出现大额变卖固定资产的情况,则有可能说明企业的产业或产品结构正在进行调整,或者是未来的生产和服务能力将受到严重影响,也或者是企业已经陷入深度的债务危机,不得不变卖家当度日。

(4)处置子公司及其他营业单位收到的现金净额,是指企业想要退出股权性投资,将自己拥有的子公司及其他营业单位转让给他人而取得的现金,同时减去相关处置费用,取其净额。

该项目通常金额为零,如果有发生额,可能是企业的战略结构发生了变化,也可能是企业深陷债务危机,靠变卖子公司的现金收入偿债。

(5)收到其他投资活动,主要是指收回购买时宣告未付的股利及利息。

可以看到,投资性活动产生的现金流入,通常对于一家企业来说,比较合理的取得投资收益收到的现金有收回投资、处置资产或子公司及其他营业单位,这都是企业比较重大的调整,要与企业会计报表附注年的相关信息相结合,来考察其合理性。

三、投资性活动现金流量的流出

投资性活动产生的现金流出,主要包括购建固定资产、无形资产和其他长期投资支付的现金,投资支付的现金,各子公司及其他营业单位支付的现金净额,其他投资活动支出。

(1)购建固定资产、无形资产和其他长期资产支付的现金,是指归集购买固定资产、无形资产、在建工程、工程物资时支付的现金(包括支付的增值税款)。

通常来说,企业正常经营则这一部分的现金支出就是不可避免的,所以应当有一定规模的数额。但是这个数额的合理性,应结合行业、企业生产经营规模和企业经营生命周期,以及企业融资性活动的现金流入来分析。

以贵州茅台为例,2018 年贵州茅台购建固定资产、无形资产和其他长期资产支付的现金为 16.07 亿元,比 2017 年的 11.25 亿元增长了 42.8%,与此同时,在处置固定资产、无形资产和其他长期资产收回的现金净额为 1.65 万元,很明显,在这里是现金流出;考虑到贵州茅台在 1951 年成立,2001 年上市,已经是在比较成熟行业里的一家比较成熟的企业,所以针对 771.99 亿元的营业总收入,这个体量的购建固定资产、无形资产和其他长期资产支付现金流出是比较合理的。

(2)投资支付的现金,主要指进行股权性投资、债权性投资支付的本金及佣金、手续费等附加费。

(3)各子公司及其他营业单位支付的现金净额。此项正好与投资性活动现金流入的第四项相对应,指购买或投资子公司的现金支出,用企业购买出价中以现金支付的部分减去子公司及其他营业单位持有的现金和现金等价物后,取其净额。

这个项目体现了企业对外扩张的速度与规模,如果企业在此项目的支出占用了大量现金,要考虑企业自身的现金流是否充裕,是否有资金紧张甚至断裂的风险。

(4)其他投资活动支出,主要指支付购买股票时宣告未付的股利及利息。

可以看到,投资性活动的现金流出部分,要结合企业经营的特征和现金流的特征统一进行分析,不能单纯看金额的大小来判断是否合理。

同样的,在完成分列投资性活动产生的现金流量后,会有投资性活动产生的现金流入、流出小计,再相减汇总,即形成投资活动产生的现金流量净额。

四、学会合理看待企业投资性活动的现金流量

综合来看，企业进行投资性活动产生的现金流，就像小文把自己富余的资金拿来投资一样，是企业为了布局未来而进行的花费。一般来说，投资性活动的净现金流量为负时，表明企业扩大再生产的能力较强，其所处的产业或产品结构有所调整，参与资本市场运作、实施股权及债权投资能力较强；反之，投资性活动的净现金流量为正时，则表明企业资本运作收效显著，投资回报及变现能力较强。

对于一家处在上升期、不断扩大再生产、不断进行资本扩张的公司而言，投资性活动的现金流量经常是负的，这预示着公司未来业绩是有可能出现增长和大幅增长的。其原理非常简单，若想业绩增长就必须要先投资，要么扩大生产投入资产，要么投资扩大规模。与之相反，如果投资性活动的现金流量长期数额不大，甚至是正值，很可能反映公司已经发展停滞，没有业绩扩张能力或者在投资领域保持克制。所以，只要经营性活动的现金流量保持较好的增长，就不必过于紧张企业投资性活动的现金流是个负数。但是，反过来讲，投资就会有风险，企业如果长期投入大量现金进行投资性活动的现金流出，就有可能遇到投资“打水漂”的情况，所以也不能单纯地以为企业在这块表现是正数或负数就一定是好是坏。

企业投资性活动的现金流量介绍完了，接下来我们来看看企业现金流量表里的最后一项——筹资性活动的现金流量。

筹资性活动产生的现金流量

在开始本节学习前，我们先快速思考三个关键问题。

(1)什么是筹资性活动产生的现金流量？

(2)筹资性活动现金流量的流入和流出都包括了哪些内容？

(3)如何分析筹资性活动产生的现金流量的不同情况？

接下来,让我们一起看看现金流量表的第三项,也是最后一项的组成部分——筹资性活动的现金流量。筹资性活动的现金流量,是指导致企业资本及债务的规模和构成发生变化的活动所产生的现金流量,它体现的是企业的融资能力和融资策略。

一、筹资性活动产生的现金流量的特点

相较于经营性活动和投资性活动产生的现金流量,筹资性活动产生的现金流量有其特殊性,主要有以下三个原因:

(1)企业处于发展阶段的初期,需要投入大量资金,这个时候企业还无力从经营性活动中获取足够的现金流量,更没有从投资性活动获取现金流量,因此,企业对现金流量的需求主要通过筹资性活动来解决。这种情况在互联网领域的创业公司尤其明显:在资本狂热的时候,一家互联网创业公司凭借一个商业 PPT 计划书,就从投资人那里获得百万元甚至千万元的战略投资,从而拥有企业原始发展阶段的起步资金。

(2)企业发展起来后,企业的筹资性活动产生的现金流入通常用于两个方面的开支:一是支持或扩张现有的企业生产经营,二是用于投资性活动,因此筹资的目的是为企业有更好的发展而追加资金投入。反之,如果企业筹资只是为了偿还债务,那么说明企业的债务危机可能十分严重。

(3)筹资性活动所获得的现金流量是否合理,要从企业现有净资产收益率的角度来评估,不能仅仅看企业是否盈利。因为,假如企业当前的净资产收益率还不如银行的利率,说明把钱拿给这家企业,不如存在银行所获得的收益高,那么企业创造盈利的能力已经弱到不足以偿付银行利息,这是企业经营能力非常差劲的表现。

二、筹资性活动现金流量的流入

具体来看,筹资性活动产生的现金流入,主要包括吸引投资收到的现金、取得借款收到的现金和收到其他筹资活动的现金。

(1)吸引投资收到的现金,指发行股票、债券等收入的净值(扣除发行

费用,不含企业直接支付的审计、咨询等费用)。

(2)取得借款收到的现金,指举借各种短期借款、长期借款收到的现金。通过借款收到的现金是企业从金融机构借入的现金,其数额大小能够在一定程度上体现企业的商业信用,也能侧面反映出企业通过银行进行筹资的能力。

(3)收到其他筹资活动的现金,指接受现金捐赠等。

三、筹资性活动现金流量的流出

同样的,筹资性活动产生的现金流出,主要包括偿还债务支付的现金,支付股利、利息、利润的现金和支付其他筹资活动的现金。

(1)偿还债务支付的现金,是指偿还借款本金、债券本金(不含利息)而支付的现金。

偿还债务支付的现金,如果与举债所收到的现金配比后是现金净流入,说明企业的资金周转已经进入了良性循环阶段。

(2)支付股利、利息、利润的现金,是指企业实际支付的现金股利、支付给其他投资单位的利润、支付的借款利息和债券利息等,同时也包括了现金支付前期应付的股利或利润和预分的利润。这里面的利息,既包括企业短期利息也包括长期借款利息,又包括支付短期和长期债券的利息(如国债的利息),不论利息支出是资本化还是费用化。

(3)支付其他筹资活动的现金,是指捐赠支出、融资租赁支出、企业直接支付的发行股票债券的审计、咨询费用等。

四、筹资性活动现金流量的分析方法

我们在对筹资性活动现金流量进行分析时,主要看两个方面。

(1)当筹资性活动现金流量大于零时,我们分析一个企业的筹资性活动的现金流量是否正常,主要看筹集资金的目的是什么:如果这是企业管理层为了扩大经营活动或增加投资,从而实现企业战略发展目标而进行的主动筹资行为,那么这样的筹资活动是相对合理的(当然,如果企业的资金实际使用效果不佳，也是存在到期后无法支付负债本息的风险的）；相反地，如果企业因经营活动和投资活动导致现金流出现亏损、失控甚至长期入不敷出，从而被迫做出被动的筹资行为，那么就是不合理的，是企业被动应对债务危机的一种举措。

（2）如果筹资性活动的现金流量小于或等于零，这有可能是因为企业自身的经营活动与投资活动的现金流量方面运转较好，现有情况已经足以满足各项支付对现金的需求，并不需要进行筹资性活动；反过来看，这也可能是企业当前的发展策略比较保守，企业在经营活动扩张和企业投资增加方面没有更多投入的一种表现，所以后期的发展速度也有可能因此而下滑；还有一种可能则是企业由于过往信誉受损，在银行信誉已经丧失到无法借到现金，所以这意味着企业未来的资金周转将更加困难。

至此，我们把现金流量表中的三种情况都介绍完毕，接下来，就让我们来分析现金流量表吧！

读懂现金流量表，掌控企业的生命线

在开始本节学习前，我们先快速思考三个关键问题。

（1）怎样通过“123”快速复盘现金流量表？

（2）现金流量表通常可能会存在什么样的“猫腻”和问题？

（3）世界首富贝佐斯眼中的“自由现金流”到底指什么？

一、熟记现金流量表的“123”

首先，我们一起来复盘现金流量表的要点，这些内容其实可以归纳为“123”。

1 个核心——现金为王。

企业的现金信息在利润表和后面要介绍的资产负债表里都能体现，但之所以要在现金流量表里以“流水账”的形式单独呈现出来，是因为绝大多数企业都死于现金流断裂，所以对于企业财务生死线的现金流是必须时刻关注的。

用一句话来说就是：企业“赚不赚钱”是利润表要告诉我们的事；企业“口袋里有没有钱”是现金流量表要告诉我们的事。但是企业赚钱了，并不等于口袋里就有钱了；因为企业表面上赚了钱，有可能赚的都是“赊销”，这意味企业把口袋里的真金白银花了还没能往里装钱，长此以往地消耗，企业的日子也就越来越难过，可能导致以下结果。

- 没钱买原材料，无法再持续生产。
- 没钱支付工资，员工没有积极性甚至罢工离职。
- 没钱偿还债务，面临官司甚至破产的风险。

2 个基础——现金定义和收付实现制规则。

说起来，现金流量表的现金并非狭义上的企业库存现金，而是包括企业库存的现金、可以随时用于支付的存款以及现金等价物。同时，现金流量表在考虑现金流入和流出时采用的是收付实现制，是以现金的收入和支出来界定收入和费用，这符合我们一般情况下对钱财收支的理解。

3 条脉络——经营性活动现金流量 + 投资性活动现金流量 + 筹资性活动现金流量。

企业的现金流可以分为 3 条脉络，并且每条脉络各自都可以有流入和流出，其中通过销售商品、提供劳务、经营性租赁、购买商品、接受劳务、广告宣传、推销产品、缴纳税款等和净利润相关产生的现金流量统称为经营性现金流量；与公司对固定资产或金融工具等的投资性活动相关的现金流量统称为投资性现金流量；而体现企业的融资能力和融资策略，导致企业资本及债务的规模和构成发生变化的活动所产生的现金流量统称为筹资性活动现金流量。所以，一个企业的“当期现金净增加额 = 经营性活动的现金净流量 + 投资性活动的现金净流量 + 筹资性活动的现金净流量”。

如果把现金比作企业的血液，经营性活动的现金流量就是企业“自己造血”，投资性活动的现金流量就是企业“向外输血”，筹资性活动的现金流量就是外界对企业“向内输血”。

显而易见，我们更加关注一家企业的“造血能力”，尤其是一家企业的

“净利润套现率”。

净利润套现率 = 经营现金流净额 ÷ 净利润×100%

当“净利润套现率”大于 1 的时候，说明企业的净利润都变成了现金，而且还有别的供应商或者消费者等打来预付款，可见企业的产品供不应求，企业的市场竞争力极强，议价能力尤其强势，是一家值得投资者追捧的企业。

二、现金流量表的会计操纵及管理误区

企业的现金流量（尤其是经营性活动的现金流量）如此重要，因此也使得一些企业存在会计上的操纵行为，常见的现金流量操纵手法有以下三种：

（1）滥竽充数、鱼目混珠。篡改现金流量性质，将投资性活动的现金流入、筹资性活动的现金流入粉饰为经营性活动的现金流入，将经营性活动的支出放到投资性活动的支出等。

（2）临时抱佛脚。企业为了避免年度会计报表中的经营性活动的现金净流量恶化，于是让母公司或大股东在期末大量偿还应收账款甚至先行支付预付账款，把经营性活动的现金流量的数字先做美化，然后等到下个会计周期再将资金以多种形式返回给母公司或大股东。

（3）偷梁换柱。将经营性活动现金流量中的应收票据贴现，但这个举措实质上是企业筹措资金的一种形式，并不能真正地改善企业的获利能力和收益质量。

除了现金流量造假之外，还有一种企业财务管理现象值得我们警醒，那就是忽视经营性活动的现金流量管理，这种现象通常会发生在中小企业和高速扩张的企业中。

（1）有一部分中小企业缺乏经营性现金流量的管理意识，只是事后编制现金流量表以应付了事，甚至连现金流量表都不编制，一直等到企业现金流困难，没钱买原材料、没钱发工资、没钱偿还债务的时候才发现现金流短缺，企业的发展也因此呈现出明显的不稳定性。

（2）部分高速扩张的企业盲目地以企业的盈利为业绩考核的唯一标

准，导致企业盲目生产和销售的同时缺乏对日常经营性现金流量足够的重视，所以常常导致库存占用比例过高、企业拖欠款项居高不下、流动资金占用有增无减、周转天数较长等局面，最终导致企业资金周转困难。

三、世界首富贝佐斯强调的自由现金流指的是什么

2019 年 3 月，杰夫·贝佐斯以 1 310 亿美元的个人财富，再次排名 2019 年福布斯全球亿万富豪榜的第 1 位，取代了人们所熟悉的微软创始人比尔·盖茨。很多人其实并不知道，作为美国最大电商集团亚马逊的创始人，贝佐斯对企业的现金流非常非常重视。

不过，贝佐斯所重视的不是企业的经营性现金流，而是企业的“自由现金流”。

早在 1997 年亚马逊上市时，贝佐斯写的第一封年度股东信里，就非常明确地提到：如果非要让我们在公司财务报表的美观和自由现金流之间选择的话，我们认为公司最核心的关注点应该是自由现金流。之后在长达 20 个年头的股东信里，贝佐斯反复不下几十次地强调，公司最重要的财务指标，就是每股带来的自由现金流。

那么，什么是企业的自由现金流（Free Cash Flow）呢？

自由现金流最早于 20 世纪 80 年代由美国西北大学拉巴波特、哈佛大学詹森等学者提出，近年来随着安然等利润指标完美无瑕的国际知名企业破产，自由现金流逐步成为企业价值评估领域使用最广泛的指标，美国证监会更是要求公司年报中必须披露自由现金流。

所谓自由现金流，是指企业经营性活动产生的现金流量扣除资本性支出的差额，是企业自己产生的，在满足了再投资需要之后剩余的现金流量，而这一部分的现金流量是在不影响公司持续发展的前提下，可供分配给企业股东和债权人的最大现金额。

通过自由现金流来分析企业的实际现金流情况有三大好处。

（1）自由现金流更加真实客观，也更能体现企业持续发展的能力。自由现金流遵循的收付实现制，使得它和现金流量表的三类活动性现金流量

一样，比利润表中通过权责发生制得出的利润更加真实、客观。并且由于自由现金流只关注企业“造血功能”的经营性活动产生的现金流量，也比现金流量表更能剔除非持续性影响的因素。

（2）自由现金流比利润表和现金流量表更多地考虑到股权投资的成本，更有“回报意识”。它既不像利润表只考虑债务资本的成本，也不像经营性活动的现金流量不考虑资本成本，自由现金流量真正做到了更多地为“股权和债权人”考虑，股本成本同样重要。

（3）自由现金流量更考虑未来，其计算公式就是以企业的长期稳定经营为前提，用经营性活动所产生的现金流支付维持现有生产经营能力所需资本支出后，余下的部分才算能够自由支配的现金，因此这项指标旨在衡量公司未来的成长机会。

所以，综合来看，自由现金流能够比较全面地反映出企业的经营成效，避免上市公司各项衡量指标（如净利润、经营性活动的现金流量）的先天性不足，并通过各种信息的结合，综合了股东利益及企业持续经营的平衡，比较精准地预测出上市公司基于价值创造的长期发展潜力，也是值得我们重点关注的一个现金流指标。

至此，企业现金流量表的内容就介绍完了，接下来让我们一起看看企业的资产负债表，看看企业努力后，最希望达到什么样的“状态”。

第四章

资产负债表——提升企业的魅力

资产负债表是企业硬实力的体现

在开始本节学习前,我们先快速思考三个关键的问题。

(1)我们要如何通过“丈母娘的灵魂拷问”,发现资产负债表的主要内容?

(2)资产负债表的核心公式是什么?

(3)如何通过资产负债表,读出企业的实际状况?

资产负债表的基本结构见下表。

贵州茅台合并资产负债表

2018 年 12 月 31 日

单位:元

币种:人民币

项　　目	本期发生额	上期发生额
流动资产:		
货币资金	112 074 791 420.06	87 868 869 913.34
结算备付金		
拆出资金		
以公允价值计量且其变动计入当期损益的金融资产		
衍生金融资产		
应收票据及应收账款	563 739 710.00	1 221 706 039.00

续表

项　　目	本期发生额	上期发生额
其中:应收票据	563 739 710.00	1 221 706 039.00
应收账款		
预付款项	1 182 378 508.06	790 807 322.07
应收保费		
应收分保账款		
应收分保合同准备金		
其他应收款	393 890 493.12	272 782 079.24
其中:应收利息	343 889 944.47	241 458 615.89
应收股利		
买入返售金融资产		
存货	23 506 950 842.22	22 057 481 376.46
持有待售资产		
一年内到期的非流动资产		
其他流动资产	140 084 334.11	37 539 231.49
流动资产合计	137 861 835 307.57	112 249 185 961.60
非流动资产:		
发放贷款和垫款	36 075 000.00	33 150 000.00
可供出售金融资产	29 000 000.00	29 000 000.00
持有至到期投资		
长期应收款		
长期股权投资		
投资性房地产		
固定资产	15 248 556 585.02	15 244 096 632.02
在建工程	1 954 322 968.68	2 016 405 005.77
生产性生物资产		
油气资产		
无形资产	3 499 175 374.52	3 458 622 239.38
开发支出		
商誉		
长期待摊费用	168 414 678.77	177 859 674.54
递延所得税资产	1 049 294 821.45	1 401 797 361.77

续表

项　　目	本期发生额	上期发生额
其他非流动资产		
非流动资产合计	21 984 839 428.44	22 360 930 913.48
资产总计	159 846 674 736.01	134 610 116 875.08
流动负债:		
短期借款		
向中央银行借款		
吸收存款及同业存放	11 473 011 885.36	10 462 613 754.14
拆入资金		
以公允价值计量且其变动计入当期损益的金融负债		
衍生金融负债		
应付票据及应付账款	1 178 296 416.59	992 055 910.47
预收款项	13 576 516 813.44	14 429 106 902.38
卖出回购金融资产款		
应付手续费及佣金		
应付职工薪酬	2 034 514 658.91	1 901 644 193.64
应交税费	10 771 075 966.85	7 726 135 741.90
其他应付款	3 404 771 072.33	3 063 362 897.47
其中:应付利息	42 770 451.84	23 414 593.67
应付股利		
应付分保账款		
保险合同准备金		
代理买卖证券款		
代理承销证券款		
持有待售负债		
一年内到期的非流动负债		
其他流动负债		
流动负债合计	42 438 186 813.48	38 574 919 400.00
非流动负债:		
长期借款		
应付债券		
其中:优先股		

续表

项　　目	本期发生额	上期发生额
永续债		
长期应付款		15 570 000.00
长期应付职工薪酬		
预计负债		
递延收益		
递延所得税负债		
其他非流动负债		
非流动负债合计		15 570 000.00
负债合计	42 438 186 813.48	38 590 489 400.00
所有者权益（或股东权益）:		
实收资本（或股本）	1 256 197 800.00	1 256 197 800.00
其他权益工具		
其中:优先股		
永续债		
资本公积	1 374 964 415.72	1 374 964 415.72
减:库存股		
其他综合收益	-7 065 725.70	-7 401 576.40
专项储备		
盈余公积	13 444 221 244.84	8 215 595 509.69
一般风险准备	788 302 643.63	600 859 229.62
未分配利润	95 981 943 953.56	80 011 307 450.33
归属于母公司所有者权益合计	112 838 564 332.05	91 451 522 828.96
少数股东权益	4 569 923 590.48	4 568 104 646.12
所有者权益（或股东权益）合计	117 408 487 922.53	96 019 627 475.08
负债和所有者权益（或股东权益）总计	159 846 674 736.01	134 610 116 875.08

前面我们已经学习了财务报表里的“利润表”和“现金流量表”，可以说无论是多步式单列的利润表，还是上下报告式单列的现金流量表，逻辑都比较简单，所涉及概念也比较通俗易懂。

但接下来，我们要看的企业“资产负债表”要求就会高一些。一来资产负债表账户式的呈现比单列式更为复杂，二来资产负债表里会涉及大量生涩难懂的概念，这都需要我们好好研究一下。

一、北漂青年小文的恋爱故事——“如何拜见未来的丈母娘”

我们还是继续来看青年小文的例子。

话说小文因为工作的机会，在公司认识了一个女孩，女孩的名字叫小武，不久两人正式确立了恋爱关系。

相处一段时间后，恰逢过年，女孩小武便将小文带回家中见见自己的父母，小文于是第一次有机会见到自己未来的“准丈母娘”。

前面我们说到，不同水平的丈母娘在考察自己未来的准女婿能否给可爱的女儿带来经济相对宽松、财务比较自由的婚后生活时，问的问题都是不一样的。一些丈母娘会在盘问完小伙子的个人收入（营业收入）以后，就以为万事大吉了；而有些丈母娘则会基于利润表进一步盘问小伙子的生活开支（费用率）和实际的可支配收入，从而知道小伙子每个月实际可用的“净值”是多少。

不过，小文面对的准丈母娘，水平更高，这让初次进入家门的他一下子感受到了“丈母娘灵魂拷问”的威力。

在和小文寒暄一阵后，小武的妈妈就单刀直入地问小文现在有多少个人资产？如果和小武在一起，将来结婚后的未来 5 年，个人资产能达到什么水平？

不得不说，这个大问题听下来，瞬间让小文感受到了无比的压力。小文忍不住在内心盘算了起来，身为“北漂”的自己，现在“家底”到底有几斤几两？

在当下，小文手头上有 2 000 元现金，而且因为这个月已经过完了，又没有到发工资的时间点，所以这个月的应发工资也应该算在现在的资产里。

同时，自己现在有 2 万元存在了某金融 App 的理财金里，还有 2 万元投在了股市的两只股票里。

此外，自己信用卡还欠 1 万元，这需要在下个月 21 号之前还清；自己还借给了一个亲戚 3 万元，不过说好了无息借给对方，2 年后再归还本金。

自己现在有一辆车,当时买完车全部费用算下来共计 20 万元,但其中 9 万元是贷款,分期免息两年还完,每月要还 3 750 元,现在父母在帮忙还这一笔钱。

除此之外,父母还以自己的名义在老家的省会城市贷款买了一套房子,大约 90 平方米的面积,每平方米不到 2 万元,最终支付 60 万元首付款,现在小文还有 120 万元贷款,月供须还 8 800 元,共计要还 25 年,而这一部分的支出,无论是买房子的首付还是月供的支付,目前都是由父母来承担的。

综上,小文粗略给自己算了一下资产。

- 现金资产:2 000 元 + 应收工资 1 万元 +2 万元理财金。
- 长期资产:2 万元股票金 +3 万元亲戚借出款。
- 固定资产:车子 20 万元 + 房子 180 万元。

所以小文的总资产为 208.2 万元。同时,小文的资产不全是自己的,还有一部分是欠债。

- 短期负债:信用卡 1 万元欠款。
- 长期负债:车贷 9 万元 + 房贷 120 万元。

所以,小文的总负债为 130 万元。

最后,可以看出小文的个人净资产等于总资产减去总负债,为 78.2 万元。

也就是说,小文现在的总资产是 208.2 万元,净资产则只有 78.2 万元(而且资产里的绝大部分不是小文自己创造的,而是父母"赠予"的)。

如果我们根据中国社科院金融研究所发布的《中国国家资产负债表 2020》数据,中国人均财富为 36.6 万元,小文的条件已经比中国的平均水平要好太多了。

但是,要想在北京定居下来,要想达到丈母娘的心理预期,小文还是有非常大的差距。

以上案例中的数字均为粗略计算,且故事纯属虚构,主要目的为了加深我们对资产负债表的理解。

二、小文资产的财务内核引申到企业的资产负债表

从小文对自己个人资产的盘点中，我们会发现里面有一条主线，就是他的净资产等于他的总资产减去个人负债，转换一下等式两边，将个人负债移动到等式左边，那就是：

个人总资产 = 个人负债 + 个人净资产

引申到企业，资产负债表中也有一个非常重要的会计恒等式，即“资产 = 负债 + 股东权益”。

在这个公式里，我们可以看到资产负债表其实想要体现的是企业的“身价”，想要显示企业“有钱”的硬实力，等式左边代表“花钱”，右边代表“来钱”。

企业“花钱”可以形成资产，按流动性不同，又可以划分为流动资产和非流动资产。

企业“来钱”分“借来的”还是“融来的”，“借来的”是指企业对外向资金方借钱，“融来的”是对内向股东融钱，前者形成的是负债，后者形成的是所有者权益。

同时我们看到，在资产、负债和所有者权益的细项划分里，都是按照流动性从高到低的顺序排列的，如按照资产变现时间长短、负债偿还时间长短来确定呈现的顺序。

通过这个恒等式，我们可以很轻松地编制成资产负债表，用来形成反映企业在某一特定日期（如月末、季末、年末）全部资产、负债和所有者权益情况的会计报表，这是企业经营活动的静态体现，相当于在该时期给企业“称了体重”，让大家看看这个企业有几斤几两的“家底”，是属于市场上什么量级的选手。

三、资产负债表最值得关注的三个要点

企业既然要体现“身价”和硬实力，那么以下三点需要我们着重关注。

1. 资产规模

资产规模指企业在某一个时间点的“家底”，一个企业的资产规模水

平，告诉了我们企业到底是"富"还是"穷"。

2. 负债水平

如果一个企业的负债水平很高，那么这个企业的经营不"易"，甚至很"难"，大多数企业倒闭都是债务问题引起的，因为产品可以不生产，设备可以不买，但欠债不还的企业会吃官司、会破产。

3. 资产结构

如果一个企业以应收账款为代表的资产占比偏高，说明企业的资产不"实"，甚至有点"虚"，因为这些看起来已经是企业的资产很可能只是空中楼阁，收不回来的应收账款，随时有机会成为压垮企业的最后一根稻草。

到此，我们已经对资产负债表的内容和呈现信息有了大致的印象，接下来用 5 节的内容，分别介绍流动资产、非流动资产、流动负债、非流动负债和所有者权益。

科目繁多的流动资产

在开始本节学习前，我们先快速思考三个关键的问题。

(1)什么是企业的流动资产？

(2)什么是应收账款？为什么过多的应收账款带来的只是虚幻式的满足？

(3)为什么存货太多，可能企业有危机，但有时又并非坏事？

资产负债表"花钱"的部分中流动性更强的资产叫作流动资产，它与非流动资产相对应，指的是企业可以在一年或者超过一年的一个营业周期内变现或者运用的资产。

流动资产可以说是企业资产中非常重要的组成部分，主要有两个原因。

(1)流动资产有助于保障企业正常的生产经营活动能有序进行。通常流动资产的循环与企业的生产经营周期具有一致性，企业的经营活动不断重复，同时流动资产在不断地进行周转过渡——从货币形态开始，依次改变其形态，最后又回到货币形态，具体包括：货币资金→储备资金、固定资金→生产资金→成品资金→货币资金。所以，由于企业的流动资产中各种形态的资金与企业的生产流通紧密相结合，通常流动资产的周转速度较快且变现能力较强。

（2）流动资产有助于保持企业资产结构的流动性。只有企业的资产流动性没有出现问题，企业才能提高自身的偿债能力，安心地进行正常的生产经营活动，不至于因为临近债务而手忙脚乱，并且，这也能更好地维护企业的信誉，就像一个经常欠钱不还、财务混乱的人给别人的印象一定很糟糕一样，一个资产结构不平衡、经常拖欠银行债务的企业，经营也是有问题的。

一、流动资产是由什么构成的

企业的流动资产研究起来其实并不容易，主要是流动资产的科目十分繁多，具体包括：货币资金、交易性金融资产、应收票据、应收账款、预付款项、应收利息、应收股利、其他应收款、存货、一年内到期的非流动资产和其他流动资产等。

1. 货币资金

货币资金是指企业拥有的以货币形式存在的资产，包括库存现金、银行存款和其他货币资金。

这里需要特别注意的是，资产负债表里的货币资金和现金流量表的现金不是一个概念。资产负债表中货币资金的概念比较接近我们通常所理解的狭义现金的概念，而现金流量表中的现金及现金等价物是广义现金的概念，它们包括的范围有所不同，因此在两个报表中，这两个项目的余额有差异是非常正常的现象。

2. 交易性金融资产

交易性金融资产是指企业通过积极管理和交易的方式获取利润的债权证券和权益证券。

企业有时候也会像个人一样，频繁地去买卖这些类型的证券，力图在短期的价格变化中获取利润,这个短期指的是当公司的现金或银行存款超过日常运营所需的时候,为获取较佳的财务回报,可能从事股票、债券或基金的投资。可以明显地看出来,这种类型的投资目的在于资金的调度运用,而投资标的在有活络的市场可供时就会即时出售变现。

3. 应收票据

应收票据是指由付款人或收款人签发、由付款人承兑、到期无条件付款的一种书面凭证。它作为企业持有的未到期或未兑现的商业票据,是一种载有一定付款日期、付款地点、付款金额和付款人的无条件支付的流通证券,同时也是一种可以由持票人自由转让给他人的债权凭证。

应收票据通常是指"商业汇票",包括"银行承兑汇票"和"商业承兑汇票"两种,银行承兑汇票是由在承兑银行开立存款账户的存款人出票,由承兑银行承兑的票据;商业承兑汇票是指由付款人签发并承兑,或由收款人签发交由付款人承兑的汇票。

需要说明的是,根据我国现行法律的规定,符合条件的商业汇票的持票人,可以持未到期的商业汇票和贴现凭证向银行申请"贴现"。贴现是指收款人将未到期的银行承兑汇票或商业承兑汇票背书后转让给受让人,受让人按票面金额扣去自贴现日至汇票到期日的利息,以将剩余金额支付给持票人。

4. 应收账款

应收账款是指企业在正常的经营过程中因销售商品、提供劳务等业务,应向购买单位收取的款项。需要注意的是,它同时包括应由购买单位或接受劳务单位负担的税金、代购买方垫付的包装费等各种运杂费。

5. 预付款项

预付款项是指企业运营中可能需要预先付费才能享受服务,包括预付货款和预付工程款等。理论上来讲,预付款项是无法进行变现的,但由于金额通常不至于太大,且其效益往往在一年之内就会耗尽,故仍然归于流动资产。

预付款项有两点值得我们注意。

一是，我们都知道企业的现金流十分重要，但企业仍然愿意“先付费后服务”，可以看出预付费的一方是相对弱势的一方。如果一家企业预付款项过高，说明其在市场的地位较低。

二是，预付款项与我们刚刚提到的应收账款虽然都属于企业的债权，但两者产生的原因是不一样的，应收账款是企业应收的销货款，通常是用货币来清偿；而预付账款是预付给供货单位的购货款（或者是预付给施工单位的工程价款和材料款），通常要用商品、劳务或完工工程来清偿。

6. 应收利息

应收利息是指短期债券投资实际支付的价款中包含的已到付息期但尚未领取的债券利息。由于这部分应收利息不计入短期债券投资初始投资成本中，但实际支付的价款中包含尚未到期的债券利息，因此要计入短期债券投资初始投资成本中不需要单独核算的部分。

7. 应收股利

应收股利是指企业应收取的现金股利和应收取其他单位分配的利润。

8. 其他应收款

其他应收款包括应收的各种赔款、罚款（如因企业财产等遭受意外损失而向有关保险公司收取的赔款等）；应收的出租包装物租金；应向职工收取的各种垫付款项（如为职工垫付的水电费、应由职工负担的医药费）；备用金（向企业各职能科室、车间、个人周转使用等拨出的备用金）；存出保证金（如租入包装物所支付的押金）；预付账款转入；其他各种应收、暂付款项等。

9. 存货

存货是指企业在日常活动中持有以备出售的产成品或商品、处在生产过程中的在产品、在生产过程或提供劳务过程中耗用的材料或物料等，具体包括各类材料、在产品、半成品、产成品或库存商品以及包装物、低值易耗品、委托加工物资等。

10. 一年内到期的非流动资产

一年内到期的非流动资产反映企业将于一年内到期的非流动资产项目

金额，具体包括一年内到期的持有至到期的投资、长期待摊费用和一年内可收回的长期应收款。

11. 其他流动资产

由于流动资产指流动性较强的资产，它可在不超过一年内变现；但如果企业遇到一些确实不好归到常用的流动资产科目时，就可以自行设立科目，填报表时就属于其他流动资产项。

二、流动资产的要点——应收账款和存货

流动资产的科目繁多，但是我们不用面面俱到，通常看一家企业的流动资产，最应该关注的是应收账款和存货。

前面我们说过，如果只看一家企业的利润表，是有可能发生这样的情况：就是东西"卖出去"了，不管对方给不给钱，都要算作收入。因此企业的收入和利润都有可能一直在增长，非常漂亮，但是如果仔细来看，我们会发现企业的应收账款占比也在逐月或者逐年上升，一种比较严重的后果就如前面说的主题餐厅的例子那样，企业被应收账款给拖垮了。

所以，企业的应收账款也能间接体现企业在市场上的弱势地位，如果企业的应收账款在其账目上占比太大，说明企业是在"卑躬屈膝"地做大规模，其代价就是有较大的风险，应收账款不能完全收回来或干脆收不回来。

因此，我们还要对应收账款进行坏账计提，通常采用的是账龄分析法，是指按应收账款拖欠的时间长短来分析判断可收回金额和坏账的一种方法。通常而言，应收账款的账龄越长，其所对应坏账损失的可能性越大，企业通常会将应收账款按账龄长短分成若干组，并按组估计坏账损失的可能性，从而计算坏账损失的金额。

另一个需要重点关注的就是企业的存货。通常情况下，企业的存货包括下列三种类型的有形资产。

(1)在正常经营过程中存储以备出售的存货。这是指企业在正常经营中处于待销状态的各种物品，例如工业企业的库存产成品及商品流通企业的库存商品。

(2)为了最终出售正处于生产过程中的存货。这是指为了最终出售但目前处于生产加工过程中的各种物品,如工业企业的在产品、自制半成品以及委托加工物资等。

(3)为了生产供销售的商品或提供服务以备消耗的存货。这是指企业为生产产品或提供劳务耗用而储备的各种原材料、燃料、包装物、低值易耗品等。

需要注意的是,一家企业的存货多了到底是好还是不好,我们不能轻易去判断,需要结合行业的特点进行分析。

(1)如果存货是像食品、手机和家用电器这样的标准品或低值易耗品,由于时间越久该类商品的价值越低,市场越来越小,产品越来越不好卖,所以这样的存货多了确实值得警惕。

(2)如果是茅台酒或是奢侈品行业的商品存货多了,这种情况下则是存货越多越值钱,尤其像茅台酒这样的商品,年头越久越值钱,所以这样的存货反而是越多越好(茅台酒公司的做法也是尽可能加大生产力度,让自己增加存货)。

占资产大头的非流动资产

在开始本节学习前,我们先快速思考三个关键的问题。

(1)什么是企业的非流动资产?它的特点是什么?

(2)企业的非流动资产具体包括哪些内容?

(3)什么是企业的固定资产折旧?

非流动资产指不能在一年或者超过一年的一个营业周期内变现或者耗用的资产。

可以看到,流动资产和非流动资产的主要区别就是在于能不能在一定周期内把资产转变为流动的资金使用,对于这个周期的定义一般都是一年之内。所以,非流动资产是相对于流动资产而言的一个概念,它主要具有占用资金多、周转速度慢、变现能力差这三个特点。

一、非流动资产是由什么构成的

从内容上看,非流动资产作为流动资产以外的资产,主要包括持有至到期投资、长期应收款、长期股权投资、投资性房地产、固定资产、在建工程、工程物资、固定资产清理、生产性生物资产、无形资产、商誉和其他资产等。

1. 持有至到期投资

持有至到期投资是指企业打算并且能够持有到期的债权证券,企业从二级市场购入的固定利率国债、浮动利率公司债券等都属于持有至到期投资。

需要说明的是,持有至到期投资通常具有长期性质,但是期限较短(一年以内)的债券投资,如果符合持有至到期投资条件的,也可以划分为持有至到期投资。

2. 长期应收款

长期应收款是指企业融资租赁产生的应收款项和采用递延方式分期收款、实质上具有融资性质的销售商品和提供劳务等经营活动产生的应收款项。

3. 长期股权投资

长期股权投资是指通过投资取得被投资单位的股份。企业对长期股权投资的取得方式主要有以下五种:

(1)企业合并形成的长期股权投资。应区分企业合并的类型,分为同一控制下控股合并和非同一控制下控股合并,并要确定形成长期股权投资的成本。

(2)以支付现金取得的长期股权投资。应当按照实际支付的购买价款作为长期股权投资的初始投资成本(包括购买过程中支付的手续费等必要支出)。

(3)以发行权益性证券方式取得的长期股权投资。该成本为发行权益性证券的公允价值。

(4)投资者投入的长期股权投资。应当按照投资合同或协议约定的价值作为初始投资成本,但合同或协议约定价值不公允的除外。

(5)以非货币性资产交换、债务重组等方式取得的长期股权投资。

企业对其他单位的股权投资是企业非常重要的投资行为,通常有以下三大特点:

(1)对股权的长期持有。长期股权投资的目的不再是短期收益,而是为了长期持有被投资单位的股份,成为被投资单位的股东,并通过所持有的股份,对被投资单位实施控制或施加重大影响;或者是为了改善和巩固贸易关系;或者是持有不易变现的长期股权投资等。

(2)收益与风险同在。我们都知道一个基本的经济常识,要想获取经济利益,就要承担相应的风险,而长期股权投资相对于长期债权投资而言,投资风险更大。长期股权投资的目的有可能是通过分得利润或股利获取比债权投资更大的经济利益;还有一种可能是企业出于战略利益考虑。例如,被投资单位的产品为投资企业生产所必需的原材料,但是在市场上这种原材料的价格波动较大,且不能保证供应,常常供不应求。在这种情况下,投资企业通过所持股份,达到控制或对被投资单位施加重大影响,使其生产所需的原材料能够直接从被投资单位取得,而且价格比较稳定,保证其生产经营顺利进行。但是,收益与风险总是同时存在,假如被投资企业的经营状况不善,甚至进行破产清算,投资企业作为股东方,同样也需要承担相应的投资损失。

(3)不能轻易出售。除股票投资外,长期股权投资通常不能随时出售,投资企业一旦成为被投资单位的股东后,将会依照所持有股份份额享有股东的权利并承担相应的义务,一般情况下不能随意抽回投资。

4. 投资性房地产

投资性房地产是指为赚取租金或资本增值(房地产买卖的差价),或两者兼有而持有的房地产,主要包括已出租的土地使用权、持有并准备增值后转让的土地使用权和已出租的建筑物,不包括自用房地产(为生产商品、提供劳务或者经营管理而持有的房地产)和作为存货的房地产。

5. 固定资产

固定资产是指企业为生产产品、提供劳务、出租或者经营管理而持有的、使用时间超过 12 个月,价值达到一定标准的非货币性资产,包括房屋、建筑物、机器、机械、运输工具以及其他与生产经营活动有关的设备、器具、工具等。

对于企业而言,固定资产既是劳动手段,同时也是企业赖以进行生产经营活动的主要资产,它通常有以下几大特点:

(1)高价值:固定资产的价值一般比较大。

(2)使用时间长:固定资产通常使用时间比较长,能够长期地、重复地参加生产过程。

(3)不断损耗:固定资产在生产过程中会不断发生磨损,不过这种磨损并不会改变其本身的实物形态,而是根据其磨损程度,逐步地将其价值转移到产品中去,最后其价值转移部分回收后形成折旧基金。

6. 在建工程

在建工程是指企业期末各项未完工程的实际支出,包括交付安装的设备价值,未完建筑安装工程已经耗用的材料、工资和费用支出,预付出包工程的价款,已经建筑安装完毕但尚未交付使用的工程等的可收回金额。

对于企业的在建工程,通常分成"自营"和"出包"两种方式,自营在建工程是指企业自行购买工程用料、自行施工并进行管理的工程;出包在建工程是指企业通过签订合同,由其他工程队或单位承包建造的工程。

7. 工程物资

工程物资是指用于固定资产建造的建筑材料(如钢材、水泥、玻璃)、企业(如民用航空运输)的高价周转件(如飞机的引擎),反映企业各项工程尚未使用的工程物资的实际成本,工程物资科目应当设置以下明细科目。

(1)专用材料。

(2)专用设备。

(3)预付大型设备款。

(4)为生产准备的工具及器具。

8. 固定资产清理

固定资产清理是指因磨损、遭受非常灾害和意外事故而丧失生产能力，或因陈旧过时，须淘汰更新的固定资产，所办理的鉴定、报废、核销资产、处理残值等项工作的总称。

固定资产在经过技术鉴定和经济评估后，确认应予报废而转入清理，即表明该项固定资产退出企业生产经营过程，原固定资金投资随之减少，因此，在会计核算上要注销该资产原价和已提折旧，并同时冲减固定基金。

9. 生产性生物资产

生产性生物资产是指为产出农产品、提供劳务或出租等目的而持有的生物资产，包括经济林、薪炭林、产畜和役畜等。

需要说明的是，由于生产性生物资产具备自我生长性，能够在持续的基础上予以消耗并在未来一段时间内保持其服务能力或未来经济利益，所以它是属于劳动手段。

生产性生物资产与消耗性生物资产不同，生产性生物资产具有能够在生产经营中长期、反复使用，从而不断产出农产品或是长期役用的特征。因此，生产性生物资产产出农产品之后，该资产仍然保留，并可以在未来期间继续产出农产品（例如果树每年产水果、奶牛每年产奶），所以认为生产性生物资产在一定程度上具有固定资产的特性。消耗性生物资产收获农产品之后，该资产就不复存在。

10. 无形资产

无形资产是指企业拥有或者控制的没有实物形态的可辨认非货币性资产。

无形资产通常有广义和狭义之分，广义的无形资产包括货币资金、金融资产、长期股权投资、专利权、商标权等，它们没有物质实体，而是表现为某种法定权利或技术。但是，会计上通常将无形资产作狭义理解，即将专利权、商标权等称为无形资产。

11. 商誉

商誉是指企业在同等条件下，能获得高于正常投资报酬率所形成的价值。商誉是由于企业所处地理位置的优势或是由于经营效率高、历史悠久、人员素质高等多种原因,与同行企业比较,可以获得超额利润。在企业合并时,商誉是购买企业投资成本超过被合并企业净资产公允价值的差额。

需要注意的是,商誉和无形资产不同:无形资产不具有实物形态,但具有可辨认性,属于非货币性资产;商誉的存在无法与企业自身分离,不具有可辨认性。

12. 其他资产

其他资产是指不能被包括在流动资产、长期投资、固定资产、无形资产等项目之内的资产,主要包括开办费、长期待摊费用、递延所得税资产和其他长期资产等。

(1)开办费,是指企业在筹建期间除应计入有关财产物资价值以外所发生的各项费用,包括人员工资、办公费、培训费、差旅费、印刷费、注册登记费以及不计入固定资产价值的借款费用等。

(2)长期待摊费用,是指摊销期在一年以上的已付费用,如经营性租入固定资产较大改良支出和固定资产大修理支出等。

(3)递延所得税资产,是指未来预计可以用来抵税的资产,递延所得税是时间性差异对所得税的影响,在纳税影响会计法下才会产生递延税款,是根据可抵扣暂时性差异及适用税率计算、影响(减少)未来期间应交所得税的金额。

(4)其他长期资产,一般包括国家批准储备的特种物资、银行冻结存款以及临时设施和涉及诉讼的财产等。

二、非流动资产的要点——固定资产

可以看到,非流动资产和流动资产一样,科目非常多。在非流动资产中,固定资产是尤其值得我们重点关注的一项,因为固定资产无时无刻不在“变旧”,需要对固定资产进行折旧。所谓固定资产折旧,是指在固定资产的使用寿命内,按确定的方法对应计折旧额进行的系统分摊。

(1)使用寿命:是指固定资产预期使用的期限,有些固定资产的使用寿命也可以用该资产所能生产的产品或提供的服务的数量来表示。

(2)应计折旧额:是指应计提折旧的固定资产的原价扣除其预计净残值后的余额。如已对固定资产计提减值准备,还应扣除已计提的固定资产减值准备累计金额。

对于固定资产的折旧,有以下四点值得注意:

(1)企业可选用的折旧方法包括年限平均法、工作量法、双倍余额递减法和年数总和法等,企业应当根据与固定资产有关的经济利益的预期实现方式,合理选择固定资产折旧方法,并且一经确定后不得随意变更。

(2)固定资产应当按月计提折旧,并根据其用途计入相关资产的成本或者当期损益;当月增加的固定资产,下月开始计提折旧;当月减少的固定资产,当月计提折旧。

(3)固定资产提足折旧后,无论能否继续使用,均不再计提折旧;提前报废的固定资产,也不再补提折旧。已提足折旧的固定资产,可以继续使用的,应当继续使用,规范实物管理。

(4)企业至少应当于每年的年度终了,对固定资产的使用寿命、预计净残值和折旧方法进行复核。使用寿命预计数与原先估计数有差异的,应当调整固定资产使用寿命。预计净残值预计数与原先估计数有差异的,应当调整预计净残值。与固定资产有关的经济利益预期实现方式有重大改变的,应当改变固定资产折旧方法。固定资产使用寿命、预计净残值和折旧方法的改变应当作为会计估计变更。

我们讲完了企业"花钱"的部分,接下来一起看看企业"来钱"的部分吧。

让企业如临大敌的流动负债

在开始本节学习前,我们先快速思考三个关键的问题。

(1)什么是企业的负债?

(2)什么是企业的流动负债?

(3)流动负债包含哪些内容?

一、企业的负债就是“欠别人的”

资产是指企业实际占用的、可以控制的部分，其中有“不属于企业的”“欠别人的”部分，就是负债。负债，是指企业所承担的能以货币计量，需以资产或劳务偿还的债务。

通常来说，企业的负债具备以下五个特点：

(1)企业的负债由过去的交易或事项形成。也就是说，企业将在未来发生的承诺、签订的合同等交易或者事项，并不会形成负债。

(2)负债是企业承担的现时义务。企业的负债必须是企业承担的现时义务，其中现时义务是指企业在现行条件下已承担的义务，未来发生的交易或者事项形成的义务，不属于现时义务，不应当确认为负债。同时，这里所指的义务可以是法定义务(具有约束力的合同或者法律法规规定的义务，需要依法强制执行，如应付账款、银行借款、税款)，也可以是推定义务(根据企业多年来的习惯做法、公开的承诺或者公开宣布的政策而导致企业将承担的责任，如售出商品提供一定期限内的售后保修服务)。

(3)负债以法律、有关制度条例或合同契约的承诺作为依据。由于负债是企业在一定时期之后必须偿还的经济债务，其偿还期或具体金额在它们发生或成立之时就已由合同、法规所规定与制约，因此它是企业必须履行的一种义务。

(4)负债的清偿预期会导致经济利益流出企业。负债的一个特点是预期会导致经济利益流出企业，而导致经济利益流出企业的形式其实是多种多样的。例如，用现金偿还或以实物资产形式偿还；以提供劳务形式偿还；部分转移资产、部分提供劳务形式偿还；将负债转为资本等。

(5)负债的边界是可以界定的。一个企业的负债所流出的经济利益的金额能够被可靠地计量，同时负债有确切的债权人和偿还日期，或者债权人和偿还日期是可以合理加以估计的。

二、什么是流动负债

搞清楚了负债，我们再来看看它所包含的流动负债指的是什么。

流动负债，是指企业将在一年或超过一年的一个营业周期内偿还的债务，主要包括短期借款、交易性金融负债、应付票据、应付账款、预收款项、应付职工薪酬、应交税费、应付利息、应付股利、其他应付款、一年内到期的非流动负债、其他流动负债等。

通览流动负债的主要科目，我们可以看到流动负债有两点值得关注。

一是，流动负债里的很多项目和流动资产是对应关系，一家企业的应收票据就是另一家企业的应付票据；一家企业的应收账款就是另一家企业的应付账款，等等。

二是，通过对流动负债与流动资产两者进行比较，我们就可以大致了解企业的短期偿债能力和清算能力，知道企业有没有短期的生存危机。

三、流动负债是由什么构成的

企业的流动负债主要包括如下内容：

1. 短期借款

与长期借款相对应，短期借款是指企业根据生产经营的需要，从银行或其他金融机构借入的偿还期在一年以内的各种借款，主要有经营周转借款、临时借款、结算借款、票据贴现借款、卖方信贷、预购定金借款和专项储备借款等。

需要说明的是，短期借款的债权人不仅是银行、其他非银行金融机构，也可以是其他单位甚至是个人。

2. 交易性金融负债

交易性金融负债是指企业采用短期获利模式进行融资所形成的负债，比如应付短期债券。

我们可以发现，作为交易双方来说，甲方的金融债权资产就是乙方的金融负债，由于融资方需要支付利息，因此该企业就形成了金融负债。

3. 应付票据

应付票据是指由出票人出票,并由承兑人允诺在一定时期内支付一定款项的书面证明,同样的,它也包括银行承兑汇票和商业承兑汇票。

4. 应付账款

应付账款是指企业因为购买材料、商品或接受劳务供应等而发生的债务,这是买卖双方在购销活动中由于取得物资与支付货款在时间上不一致而产生的负债。一家企业的应收账款也是另一家交易企业的应付账款。

所以,综合来看,我们可以知道企业现金的周转过程大致包括三个部分——存货周转期、应收账款周转期和应付账款周转期,其中:

(1)存货周转期是指将原材料转换成产成品并出售所需要的时间。

(2)应收账款周转期是指将应收账款转换为现金所需要的时间。

(3)应付账款周转期是指从收到尚未付款的材料开始到现金支出之间所用的时间。

5. 预收款项

预收款项是指在企业销售交易成立以前,预先收取的部分货款。由于交易尚未实际发生,所以这一部分款项计为负债。

6. 应付职工薪酬

应付职工薪酬是指企业根据有关规定应付给职工的各种薪酬,具体应当按照"工资、奖金、津贴、补贴""职工福利""社会保险费""住房公积金""工会经费""职工教育经费""解除职工劳动关系补偿""非货币性福利""其他与获得职工提供的服务相关的支出"等应付职工薪酬项目进行明细核算。

7. 应交税费

应交税费是指企业根据在一定时期内取得的营业收入、实现的利润等,按照现行税法规定,采用一定的计税方法计提的应交纳的各种税费。

应交税费具体包括企业依法交纳的增值税、消费税、企业所得税、资源税、土地增值税、城市维护建设税、房产税、土地使用税、车船税、教育费附加、矿产资源补偿费、印花税、耕地占用税等税费,同时也包括在上缴国家之前由企业代收代缴的个人所得税等。由于这些应缴税费是按照权责发生制原则进行确认和计提的,但在尚未缴纳之前暂时留在企业,也就形成了一项负债(即这属于企业应该上缴国家,但暂未上缴国家的税费)。

8. 应付利息

应付利息是指企业按照合同约定应支付的利息,包括吸收存款、分期付息到期还本的长期借款、企业债券等应支付的利息。

9. 应付股利

应付股利是指企业应付给投资者的利润,包括应付给国家、其他单位以及个人的投资利润。

由于企业的资金通常是由投资者投入的,因此,企业在生产经营过程中实现的利润,除了依法纳税,还必须向投资人分配利润。由于这些利润在应付未付之前暂时留在了企业内,所以构成了企业的一项负债。

10. 其他应付款

其他应付款是指与企业的主营业务没有直接关系的应付、暂收其他单位或个人的款项,如应付租入固定资产和包装物的租金、存入保证金、应付统筹退休金、职工未按期领取的工资、管辖区内业主和物业管户装修存入保证金以及应收暂付上级单位、所属单位的款项等。

11. 一年内到期的非流动负债

一年内到期的非流动负债反映企业各种非流动负债在一年之内到期的金额,包括一年内到期的长期借款、长期应付款和应付债券等。

12. 其他流动负债

其他流动负债是指企业用以归纳债务或应付账款等普通负债项目以外的流动负债的资产负债表项目,一般包括或有负债。所谓或有负债,是指过去的交易或事项形成的潜在义务,其存在须通过未来不确定事项的发生或不发生予以证实,或过去的交易或事项形成的现时义务,履行该义务有可能导致经济利益流出企业或该义务的金额不能可靠地计量。

在学习了资产和流动性资产后,再来看负债和流动性负债,很多概念理解起来并没有那么难了。

影响企业发展的非流动负债

在开始本节学习前,我们先快速思考三个关键问题。

(1)什么是企业的非流动负债?

(2)长期负债真的对企业来说等于“白拿”吗?

(3)企业应该如何处理好流动负债和非流动负债的关系?

一、非流动负债是由什么构成的

非流动负债和流动负债不同的是偿还期,偿还期在一年以上的债务称为非流动负债。

非流动负债通常是企业为了筹集长期投资项目所需资金而发生的,如企业为购买大型设备而向银行借入的长期贷款。非流动负债包括长期借款、应付债券、长期应付款、专项应付款、预计负债、递延所得税负债和其他非流动负债等。

1. 长期借款

长期借款是指企业在进行项目投资中的主要资金来源之一,因为通常企业的投资项目需要大量的资金,光靠企业的自有资金往往是不够的,还需要向外举债。长期借款一般来自本国银行和国际开发机构。

企业借入长期借款一般有两种方式:一是将借款存入银行,由银行监督随时提取;二是由银行核定一个借款限额,在限额内随用随借。在这种方式下,企业在限额内借入的款项按其用途直接记入“在建工程”“固定资产”等账户。

长期借款按照付息方式与本金的偿还方式,可以分成三类。

(1)分期付息到期还本长期借款。

(2)到期一次还本付息长期借款。

(3)分期偿还本息长期借款。

2. 应付债券

应付债券是指企业为筹集长期资金而实际发行的债券及应付的本钱和利息,它是企业筹集长期资金的一种重要方式。

由于企业发行债券的价格受同期银行存款利率的影响较大,一般情况下,企业可以按面值发行、溢价发行和折价发行的不同方式来发行债券。

3. 长期应付款

长期应付款是指对其他单位发生的付款期限在一年以上的长期负债。

会计业务中的长期应付款是指除了长期借款和应付债券以外的其他多种长期应付款,长期应付款主要有应付补偿贸易引进设备款、采用分期付款方式购入固定资产和无形资产发生的应付账款、应付融资租入固定资产租赁费等。

以支付补偿贸易引进设备款为例,企业除了通过借款和发行中长期债券取得货币资金购建长期资产外,还可以采用补偿贸易方式引进设备。当采用补偿贸易方式引进设备和融资租入固定资产时,是固定资产使用在前,款项支付在后,即企业可先取得设备,设备投产后,用其生产的产品归还设备价款。由于企业尚未偿还价款,因此也就必然形成企业的一项长期负债。

4. 专项应付款

专项应付款是指企业的专项资金对外发生的各种应付和暂收款项,如购入专项物资的应付货款、应付承包单位的工程价款、应付运输费、应付罚金以及各种暂收的专用款项。

5. 预计负债

预计负债是指根据或有事项等相关准则确认的各项预计负债,通常包括对外提供担保、未决诉讼、产品质量保证、重组义务以及固定资产和矿区权益弃置义务等产生的预计负债。

需要说明的是,这里提到的“与或有事项”相关的义务如果同时符合以下三个条件,企业就应该将其确认为负债。

(1)该义务是企业承担的现时义务。

(2)该义务的履行很可能导致经济利益流出企业,这里的“很可能”指发生的可能性为“大于50%,但小于或等于95%”。

(3)该义务的金额能够被可靠地计量。

6. 递延所得税负债

递延所得税负债是指根据应税暂时性差异计算的未来期间应付所得税的金额。

递延所得税负债通常包括三个部分。

(1)本科目核算企业根据所得税准则确认的应纳税暂时性差异产生的所得税负债。

(2)本科目应当按照应纳税暂时性差异项目进行明细核算。

(3)递延所得税负债的主要账务处理。

7. 其他非流动负债

其他非流动负债是指反映企业除长期借款、应付债券等项目以外的其他非流动负债。

二、非流动负债的要点——长期借款

企业的非流动负债内容相对较少,在有了资产认知的积累,理解起来也较为容易。其中,长期借款作为非流动负债里比较重要的一个项目,对于企业通常有以下四大价值。

1. 满足企业的发展需求

企业为了扩大生产经营或者搞多种经营,需要添置各种机械设备、建造厂房等,这些都需要投入大量长期占用的资金,但假如等待企业内部形成的积累资金再去购建,则可能丧失企业发展的有利时机,这时长期借款能起到很好的推动作用。

2. 降低企业的资金压力

企业借入长期借款可以弥补企业流动资金的不足,在某种程度上,还能起到施工企业正常施工生产经营所需垫底资金的作用。

3. 对投资人有利

一方面,长期借款有利于投资人保持原有控制企业的权力,不会因为企业筹集长期资金而影响投资者本身的利益；另一方面，长期借款还可以为投资人带来获利的机会，这是因为长期借款利息可以计入财务费用在税前利润列支，在企业盈利的情况下，会少交一部分所得税，相当于为投资人增加了利润。

4. 偿还压力相对较弱

长期借款的利息率通常会高于短期借款，但信誉好或抵押品流动性强的借款企业，仍然可以争取到较低的长期借款利率。另外，一般长期借款的定期偿还可以使用偿债基金和分批偿还两种普遍办法，企业有时候还可以借新债还旧债。

但我们需要警醒的是，企业的长期借款在缓解企业压力的同时，并不是企业“白拿”的利益，它的变化也值得企业重点关注，主要是以下三个原因造成的。

(1)长期借款的成本需要企业去驾驭。长期借款的筹措不是越多越好，也不是所有长期借款都能低成本获取。所以企业长期借款时应以企业进行长期投资所缺少的那部分资金为限，毕竟长期借款的成本一般都比较高，应尽量少借。

(2)长期借款增加企业的间接成本。当企业进行长期借款时，除了利息之外，银行还会向借款企业收取其他费用，比如实行周转信贷协定所收取的承诺费、要求借款企业在本银行中保持补偿余额所形成的间接费用，而这些费用的存在会增大长期借款的成本。

(3)长期借款仍是企业的负担。借款终究是要还的，如果企业缺乏资金管理，尤其是到期一次还本付息长期借款和分期付息到期还本长期借款，这两种长期借款到了该还本金的时候，企业也会面临较大的挑战。

三、企业的负债控制是一门艺术

对于企业来说，一定要能够很好地去平衡长期负债和短期负债、流动负债和非流动负债的关系。

(1)要关注企业自身的短期偿债能力。

要守住企业生存的底线，就要看企业的流动资产和流动负债的关系，毕竟企业的主要还债压力还是来自流动负债。因为只有企业的短期偿债能力较强，才能保证企业正常运营，不至于破产清算。

（2）企业要有稳定的盈利能力。

企业需要偿还长期的本金，就要求企业能不断增加利润、创造价值，从而让自己有能力偿还长期债务。

（3）关注企业资产负债结构的合理性。

一个企业的资产和负债、流动负债和非流动负债应当结合企业的行业特点和发展经营情况进行合理设计，企业要避免出现严重的结构失调从而引发的不必要风险。

2010年，乐视网在国内创业板上市，到2016年，乐视网的营业总收入已经达到了219.87亿元。但是从流动负债比重来看，乐视网的流动负债比重非常高，最低的2016年也有38.73%，2014年更是高达49.76%；同时从产权比率来看，乐视网的产权比率明显大于1，其中2016年的产权比率为207.52%，这意味着100元自有资金要承担207.52元的债务，对负债资本的保障程度较弱，而乐视网作为一个视频内容产业的企业，其实是面临着较大的财务结构风险的。

乐视网（合并资产负债表）负债结构

项　目	2014年	2015年	2016年
流动负债比重（%）	49.76	43.88	38.73
产权比率（%）	164.73	345.13	207.52

体现企业价值的所有者权益

在开始本节学习前，我们先快速思考三个关键问题。

（1）什么是企业的所有者权益？

（2）什么是企业的实收资本？什么是企业的资本公积？

（3）什么是企业的盈余公积？什么是企业的未分配利润？

接下来我们要一起来看看资产负债表里面的最后一部分内容——所有者权益。

一、所有者权益的概念和特征是什么

所有者权益是指企业的资产在扣除负债后，由所有者享有的剩余权益，通常公司的所有者权益还会被称为股东权益。

所有者权益代表的是所有者对企业资产的剩余索取权，它是企业的资产在扣除债权人权益后应由所有者所享有的部分，既体现了保护债权人权益的理念，又反映了所有者投入资本的保值或增值情况。

通常所有者权益与企业负债的债权人权益比较，具有以下四个基本特征。

（1）所有者权益在企业经营期内可供企业长期、持续地使用，企业不必向投资人返还资本金。相比之下，负债则必须要按期返还给债权人。

（2）企业所有人凭借其对企业投入的资本，享受税后分配利润的权利。所有者权益是企业分配税后净利润的主要依据，而债权人除按规定取得的利息外，无权分配企业的盈利。

（3）企业所有人有权行使企业的经营管理权，或者授权管理人员行使经营管理权。而企业的债权人并没有经营管理权，当然也就不能参与企业的经营决策。

（4）企业的所有者对企业的债务和亏损负有无限责任或有限责任，而债权人对企业的其他债务不发生关系，同时也不承担企业的亏损。

因此，所有者权益产生于权益性投资行为，会比债权人权益有更大的风险，不仅没有固定的偿还期限和偿还金额，同时所有者权益滞后于债权人权益。当然，这也是典型的“高风险高回报”。

二、所有者权益是由什么构成的

所有者权益具体包括股本（或称为实收资本）、资本公积、盈余公积和未分配利润等。

1. 股本

股本是指企业实际收到的投资人投入的资本和投资者作为资本投入企业的各种财产,是企业注册登记的法定资本总额的来源,它表明的是所有者对企业的基本产权关系。此外,实收资本的构成比例,是企业据以向投资者进行利润或股利分配的主要依据。

所谓企业的注册资本,是指企业在设立时向工商行政管理部门登记的资本总额,也就是全部出资者设定的出资额之和。企业对资本的筹集,应该按照法律、法规、合同和章程的规定及时进行,注册资本是企业的法定资本,是企业承担民事责任的财力保证。

投入资本和注册资本,通常有两种情况:如果是一次筹集,投入资本应等于注册资本;如果是分期筹集,在所有者最后一次缴入资本以后,投入资本应等于注册资本。

在不同类型的企业中,投入资本的表现形式有所不同。股份有限公司中,投入资本表现为实际发行股票的面值,也称为股本;其他企业中,投入资本表现为所有者在注册资本范围内的实际出资额,也称为实收资本。

中国企业法人登记管理条例明确规定,除国家另有规定外,企业的实收资本应当与注册资本一致;当企业实收资本比原注册资本数额增减超过20%时,应持资金使用证明或验资证明,向原登记主管机关申请变更登记。

如果按照投资形式来看,企业的实收资本可划分为货币资金、实物、无形资产三种。

(1)货币资金。以人民币现金投资,应以实际收到或者存入企业开户银行的时间和金额确定入账;以外币投资,应将外币折算为记账本位币金额入账。若其中有合同约定汇率的,按合同、协议约定汇率折算,合同没有约定汇率的,按收到出资额当日的汇率折算。

(2)实物(固定资产、材料物资)。需审计等权威机构认定其入账价值来核算其实收资本。

(3)无形资产。一般不得超过企业注册资金的70%,按投资各方确认的价值作为实收资本入账。

2. 资本公积(含股本溢价或资本溢价、其他资本公积)

资本公积是指企业非营业利润所增加的净资产,包括接受捐赠、法定财产重估增值、资本汇率折算差额和资本溢价所得的各种财产物资。

(1)接受捐赠是指企业因接受其他部门或个人的现金或实物等捐赠而增加的资本公积。

(2)法定财产重估增值是指企业因分立、合并、变更和投资时资产评估或者合同、协议约定的资产价值与原账面净值的差额。

(3)资本汇率折算差额是指企业收到外币投资时,由于汇率变动而发生的汇兑差额。

(4)资本溢价是指投资人缴付的出资额超出其认缴资本金的差额,包括股份有限公司发行股票的溢价净收入及可转换债券转换为股本的溢价净收入等。

3. 盈余公积

盈余公积是指企业从税后利润中提取形成的、存留于企业内部、具有特定用途的收益积累。

从提取的依据来看,盈余公积一般分为两种。

(1)法定盈余公积。上市公司的法定盈余公积按照税后利润的10%提取,但是当法定盈余公积累计额已达注册资本的50%时,可以不再提取。

(2)任意盈余公积。任意盈余公积主要是上市公司按照股东大会的决议提取。

法定盈余公积和任意盈余公积的区别在于,各自计提的依据不同。前者以国家的法律或行政规章为依据提取,后者则由公司自行来决定提取。

从提取的用途来看,企业提取的盈余公积可用于三大方面。

(1)弥补亏损。企业发生亏损时,应由企业自行弥补。弥补亏损的渠道主要有三条。

①用以后年度税前利润弥补。按照现行制度规定,企业发生亏损时,可以用以后五年内实现的税前利润弥补,即税前利润弥补亏损的期间为五年。

②用以后年度税后利润弥补。企业发生的亏损经过五年期间未弥补足

额的,尚未弥补的亏损应用所得税后的利润弥补。

③以盈余公积弥补亏损。企业以提取的盈余公积弥补亏损时,应当由公司董事会提议,并经股东大会批准。

(2)转增资本。是指企业将盈余公积转增资本(必须经股东大会决议批准)。在实际将盈余公积转增资本之时,还要求按股东原有持股比例结转,并且盈余公积转增资本时,转增后留存的盈余公积的数额不得少于注册资本的25%。

(3)分配股利。原则上企业当年没有利润,不得分配股利。盈余公积的提取实际上是企业当期实现的净利润向投资者分配利润的一种限制。提取盈余公积本身就属于利润分配的一部分,提取盈余公积相对应的资金,一经提取形成盈余公积后,在一般情况下不得用于向投资者分配利润或股利。假如为了维护企业信誉,用盈余公积分配股利,必须符合下列条件:

①用盈余公积弥补亏损后,该项公积金仍有结余。

②用盈余公积分配股利时,股利率不能太高,不得超过股票面值的6%。

③分配股利后,法定盈余公积金不得低于注册资本的25%。

针对盈余公积的用途,需要明晰以下两点:

(1)并不是指其实际占用形态,提取盈余公积也并不是单独将这部分资金从企业资金周转过程中抽出。企业提取的盈余公积,无论是用于弥补亏损还是用于转增资本,只不过是在企业所有者权益内部结构的转换,企业以盈余公积弥补亏损时,实际是减少盈余公积留存的数额,以此抵补未弥补亏损的数额,并不引起企业所有者权益总额的变动。企业以盈余公积转增资本时,实际只是减少盈余公积结存的数额,但同时增加企业实收资本或股本的数额,也并不引起所有者权益总额的变动。

(2)企业盈余公积的结存数,实际只表现企业所有者权益的组成部分,表明企业生产经营资金的一个来源而已,其形成的资金可能表现为一定的货币资金,也可能表现为一定的实物资产,如存货和固定资产,随同企业的其他来源所形成的资金,进行循环周转。

4. 未分配利润

未分配利润是指企业实现的净利润经过弥补亏损、提取盈余公积和向投资者分配利润后，留待以后年度分配或待分配的利润。由于未分配利润在以后年度可继续进行分配，所以在未分配之前，属于所有者权益的组成部分。

从数量上来看，未分配利润是期初未分配利润加上本期实现的净利润，减去提取的各种盈余公积和分出的利润后的余额，如果未分配利润出现负数，即表示这是年末的未弥补的亏损，应由以后年度的利润或盈余公积来弥补。

从未分配利润的定义可以看出，未分配利润有两层含义：一是留待以后年度处理的利润；二是未指明特定用途的利润。所以，相对于所有者权益的其他部分来说，企业对于未分配利润的使用有较大的自主权。

以上就是资产负债表中所有者权益部分的内容。

至此，我们就把企业资产负债表的全部内容讲完了，接下来我们一起看看，当拿到企业的资产负债表时，到底要怎样进行分析。

通过资产负债表快速看清企业的实际表现

在开始本节学习前，我们先快速思考三个关键问题。

(1)如何复盘资产负债表的核心内容?

(2)如何在读懂企业实际状况的基础上，进一步摸清企业的“家底”?

(3)假如你是小文，你要如何告诉丈母娘，自己就是那个合格的女婿?

学完资产负债表的全部内容，不得不说，资产负债表的学习难度确实要比利润表和现金流量表大不少。但是，如果我们能够很好地抽离出主线，会发现其实学习资产负债表也并不难。

一、财务报表的核心公式

三张财务报表各自都有一个核心的基本公式,只要记住这个,对于财务报表的概貌就清晰了。

利润表的核心公式是“收入 - 成本费用 = 利润”。

现金流量表的核心公式是“当期现金净增加额 = 经营现金净流量 + 投资现金净流量 + 筹资现金净流量”。

资产负债表的核心公式是“资产 = 负债 + 股东权益”。

资产负债表体现了企业的“家底”“身价”,呈现出来的时候就像一枚硬币的两面——一面是资产,一面是权益(其中,负债是债权人的权益,所有者权益是股东的权益)。

用一句通俗的顺口溜,可以很好地帮助我们记住资产负债表的内容:流非流资产都是资产,流非流负债还加权益。

资产代表企业“花钱”的能力,按流动性不同,可以划分为流动资产和非流动资产;权益代表企业“来钱”的方式,其中代表债权人权益的是负债,按偿还时间来确定是流动负债还是非流动负债;所有者权益则代表企业扣除了负债的“净资产”。

我们在看资产负债表的时候,有一点要特别注意:不同行业、不同类型的企业,其资产负债表存在着较大的不同,这也充分体现出了每个行业独有的行业特性和每一家企业经营模式或者发展战略的独特性。所以,我们在研究资产负债表的时候,一是不要犯低级错误,去拿不同行业企业的资产负债表进行简单对比,这只会得出错误的结论;二是要尝试从企业的资产负债表里反推出企业在行业的竞争地位和主要打法,做到“透过财务看经营”。

二、资产负债表的三个基本分析角度

如果粗略地看资产负债表的话,有三个基本角度:穷富(资产规模)、难易(负债水平)、虚实(资产结构)。

1. 资产规模

我们通过资产规模大致可以看出一个企业的家底,和同行业的竞争对手一比较,就知道这个企业是富还是穷,在行业中的地位怎么样。关注资产的时候,虽然里面有一部分是负债不是净资产,但由于这也是企业可以控制、有话语权、能给企业带来收益的部分,也要算作企业的"影响力"。

不过,看企业的资产规模还要进一步看内部的结构:流动资产和非流动资产的比例、流动负债和非流动负债的比例、流动资产和流动负债的比例等,对照能够帮我们了解企业资产的健康度;同时,关注企业资产规模在不同时间点是否变化,也能看到企业辛苦经营了一段时间后,是否真的有效果。因为真正有效的经营都会体现在资产的不断累积上,不管所谓的明星企业表面有多么风光,如果资产规模始终没有提升,那么它仍然是一个一穷二白的"苦企业"。

前面提到2010年在国内创业板上市的乐视网,2014年总资产为88.51亿元,到2016年增长为322.34亿元,净资产规模也从33.43亿元增长到104.82亿元,如果仅从资产规模和净资产规模来看,都有不小的成长;但是从经营角度来看,2014年乐视网的营业总收入为68.19亿元,净利润为1.29亿元,到2016年收入增长到219.87亿元,但净利润已经变成了-2.22亿元,所以从经营角度看其实对于资产规模增长的贡献是负的,说明企业已经在一定程度上是以牺牲资产的效益产出来换取规模增长速度。

乐视网(合并资产负债表)负债结构

项　　目	2014年	2015年	2016年
总资产	8 851 023 247	16 982 154 559	32 233 826 009
净资产	3 343 473 396	3 815 134 280	10 481 752 740
净资产比率(%)	37.8	22.5	32.5
营业总收入	6 818 938 622	13 016 725 124	21 986 878 491
营业总收入同比(%)		90.9	68.9
净利润	128 796 561	217 116 826	-221 892 632
净利润同比(%)		68.6	-202.2
资产负债率(%)	62.23	77.53	67.48

2. 负债水平

我们已经知道整体负债水平很高的企业其实负担很重，生存不易，但是企业的负债高也要具体来看：一是行业的特点会决定负债率水平的整体表现，比如房地产企业的负债率本来就高；二是如果企业比行业的平均水平高，说明采取了更加激进的发展模式。以上不能一概而论，需要具体情况具体分析。

另外，企业负担重，不代表企业还债的压力就比其他企业大，我们还要看负债的结构：比如流动资产和流动负债的比例，货币资金和流动负债的比例，货币资金和有息负债的比例（有息负债指企业负债当中需要支付利息的债务。一般情况下，"短期借款""长期借款""应付债券""一年内到期的非流动性负债"等都是有息负债），对这些负债的情况进行综合考虑，才能体现出企业在短期所面临的还债压力。

乐视网在2014年到2016年的负债分别为55.08亿元、131.67亿元和217.52亿元，负债规模逐年上升，并且资产负债率这三年分别为62.23%、77.53%和67.48%，整体负债率很高，同时进一步打开结构来看，流动负债的比重也是很高的，2014年高达49.76%，2016年也有38.73%，说明企业还是采取了比较激进的发展模式，有较大的财务风险。

乐视网（合并资产负债表）负债结构

项　目	2014年	2015年	2016年
负债合计	5 507 549 851	13 167 020 279	21 752 073 270
流动负债比重(%)	49.76	43.88	38.73

3. 资产结构

一方面我们知道企业并没有实际控制或者控制力较弱的资产占比太高（比如应收账款）是企业"发虚"的表现，事实上也有很多知名的大企业就是因为资产结构的不健康最终导致覆灭，但同时还有一种资产结构特征非常值得引起市场的重视，那就是以固定资产为代表的重资产的比例是高还是低，因为这决定了企业是一家重资产企业还是一家轻资产企业。

前面说到了企业的固定资产是要折旧，而且购置成本很高，这意味着拥有重资产的企业在扩大规模的时候，风险也在同比例扩张，而且扩张的速度也会受到固定资产引入速度的影响。而轻资产的企业驱动因素比较简单，它不依赖重资产的加持，所以同样产出优秀的企业，轻资产模式的一方也更容易受到资本市场的追捧。

第五章

所有者权益变动表——积淀企业的实力

全面反映企业所有者权益变动情况

在开始本节学习前,我们先快速思考三个关键问题。

(1)如何将小文积累家产的故事,借鉴到所有者权益变动表中来?

(2)什么是所有者权益变动表?

(3)所有者权益变动表要表达的核心意图是什么?

前面我们从易到难,对照着个人的生活经验,依次学完了利润表、现金流量表和资产负债表,可以说已经掌握了财务报表的大致情况。接下来一起看看第四张报表——所有者权益变动表,它是从资产负债表衍生出来的一张表,那么,它会包含什么内容呢?

一、北漂青年小文的成长故事——“什么样的奋斗才是有产出的奋斗”

小文从小武家过完年回到北京以后,就非常有志气地在家里思考:一定要让小武过上幸福的生活。

于是他开始盘算,如果要成为在中国拥有 600 万元资产“富裕家庭”的那 1.1% 顶尖家庭是他的最终追求目标的话,那么成为 7.4% 的中产家庭将是自己的中期阶段目标。不过,当前小文认为自己最重要的是先完成一个小目标,先让自己成为一个净资产过百万元的人。

那么小文现在的净资产是多少呢？

前面说过小文总资产为208.2万元，具体有：现金资产为2 000元+应收工资1万元+2万元理财金；长期资产为2万元股票金+3万元亲戚借出款；固定资产为房子180万元+车子20万元。

同时，小文的总负债为130万元，具体有：短期负债为信用卡1万元欠款；长期负债为房贷120万元+车贷9万元。

小文的个人净资产等于总资产减去总负债，为78.2万元，具体有：

(1)属于非可投资资产（指个人或家庭的自住性房地产和流动性较差的资产）的房子60万元+车子11万元，合计71万元。

(2)属于可投资资产（指现金/存款、股票、基金、债券、房产、投资品等个人资产在剔除了非可投资资产后剩余的资产）为7.2万元。

所以，我们看到当前小文的总资产是208.2万元，净资产是78.2万元，可投资资产是7.2万元，他的个人资产结构如下：

净资产占比 = 净资产 ÷ 总资产 ×100%

= 78.2 ÷ 208.2 × 100% = 37.6%

或者

资产权益比率（也叫财务杠杆比率或财务杠杆系数）

= 总资产 ÷ 净资产

= 208.2 ÷ 78.2 = 2.66

可投资资产占比 = 可投资资产 ÷ 净资产 ×100%

= 7.2 ÷ 78.2 × 100% = 9.2%

如果小文的目标是实现100万元净资产的话，那么目前他的差距就是100万元−78.2万元，等于21.8万元。

新的一年，在收入上由于他积极进取，工作认真，所以工资上涨了2 000元，变成了1.2万元；再加上公司发的2个月年终奖，他一年净新增超4万元的个人可支配收入。

同时，小文更加节约，换了租金更便宜的地方，并且进一步压缩交通费、伙食费等生活开支，从而将个人的生活开支由原来的6 200元降至4 200

元,这样,他一年可以节省 2.4 万元;再考虑到之前小文一年大约有 2.4 万元的个人可支配收入,这一年下来,他的个人可支配收入已经达到了 8.8 万元;小文的父母在知道儿子面临“丈母娘考验”时,在继续帮儿子还房贷和车贷的情况下,进一步追加了 15 万元的加油鼓励金;小文想到父母这么多年的辛苦,拿出 2 万元给父母安排了一次说走就走的旅行;此外,小文暂时将手里新增的钱全部存入了某款 App 的理财金里,等自己想好资产配置后再做调整;还有一个比较有趣的小事,小文偶然发现自己“小猪存钱罐”里竟然有 2 000 元,都是随手放进去的。

在年终复盘时,小文惊喜地发现,自己的净资产发生了很大的变化。

(1)非可投资资产:房子 60 万元,车子 11 万元,合计 71 万元,一年过去了暂时没有变化。

(2)可投资资产:从 7.2 万元增加到了 29.2 万元,主要是个人可支配收入的增加(8.8 万元 - 2 万元 = 6.8 万元)、个人资产的差错更正(0.2 万元)、父母的追加投入(15 万元)。

因此,小文的个人净资产达到了 100.2 万元,仅仅用了一年的时间就实现了自己的小目标。

总资产为 230.2 万元,净资产占比从 37.6% 提升到了 43.5%;可投资资产占比从 9.2% 提升到了 29.1%;个人提升(个人可支配收入提升和个人资产的差错改正)占净资产提升绝对值的 31.8%,这体现的是小文个人努力对于净资产增量的影响。

二、小文奋斗故事的财务内核

回顾这一年小文的进步,其实也是围绕小文净资产增加这一目标的实现展开的。如果我们将整个过程汇总起来,其实可以分为以下三个过程。

(1)个人净资产调整。由于小文的疏忽少计算了 2 000 元,虽然去年年末的个人净资产是 78.2 万元,但其实自己在年初计算的时候个人净资产应该调整为 78.4 万元。

(2)个人净资产变动。由于小文工资增加,再加上父母的追加投入,他的个人净资产分别增加6.8万元和15万元。

(3)个人净资产的内部结转。小文将一部分银行的活期存款转变成理财金,资产的形式发生了变化,但并没有引起个人净资产的增加或者减少。

三、引申到企业的所有者权益变动表

如果我们把小文个人净资产的变动和企业的所有者权益变动进行对比来看,会发现两者也是惊人的一致。

与个人净资产相对应,企业用来记录所有者权益变动的财务报表叫作所有者权益变动表,通常也称为“股东权益变动表”,它反映的是公司本期内所有者权益变动情况。

所有者权益变动表的呈现比较简单,是一种纵横结合的结构,横列展现的是所有者权益的结构,也就是我们之前提到的实收资本、资本公积、库存股、盈余公积和未分配利润;纵列展现的就是所有者权益变动的调整,增减和结转,可以说非常好理解。

四、所有者权益变动表传递的信息

从传递信息的意图来看,就像个人净资产所呈现的那样,所有者权益变动表给我们传递了比资产负债表里所有者权益更加细致的东西:一是可以看到所有者权益的各项科目的金额,二是可以看到各项课目的变动情况,三是还能看到具体是什么原因引起的所有者权益在哪个科目上的变动,可以说呈现得非常清晰。

就像小文关注个人净资产是否增加一样,企业的所有者除了看企业总资产的变化,也非常关心所有者权益是否有变化。

认识所有者权益变动表

在开始本节学习前,我们先快速思考三个关键问题。

(1)为什么要编制所有者权益变动表?

(2)所有者权益变动表的结构是什么样的?

(3)帮助我们读懂所有者权益变动表的三步骤,具体指的是什么?

一、所有者权益变动表及其结构

其实在2007年以前,公司所有者权益变动情况一直都是以资产负债表附表的形式体现的。但是在新准则颁布后(主要是引入了"利得"的概念,是指那些来自资产及负债的价值变化或者偶然事件,"利得"用以区分来自日常经营活动的"收入"),要求上市公司于2007年正式对外呈报所有者权益变动表,因此"所有者权益变动表"得以成为与"资产负债表""利润表"和"现金流量表"并列披露的第四张财务报表。

所有者权益变动表,也叫作股东权益变动表,它反映公司本期内所有者权益变动情况。虽然资产负债表已经揭示了所有者权益的内容,但是通过所有者权益变动表,既可以知道所有者权益总量增减变动的信息,也能了解所有者权益增减变动的结构性信息,并且能够知道所有者权益增减变动的原因,因此该表得以单独列出。

从报表呈现来看,所有者权益变动表的结构属于二维表。行中所列是导致所有者权益变动的交易或事项,也就是所有者权益变动的来源,通过这些列示的交易或事项,我们对一定时期所有者权益的变动情况能够全盘掌握。列中按照所有者权益各组成部分列示(即实收资本、资本公积、库存股、盈余公积和未分配利润),通过这些列示的交易或事项反映出对所有者权益各部分的影响和变化具体是什么。

需要说明一下的是,前面在资产负债表里并没有提到库存股,它是指已公开发行过的,但发行公司通过购入、赠予或其他方式重新获得,并且可以再行出售或注销的股票。库存股的特点其实和未发行的股票相似,既没有投票权也没有分配股利的权利,而且等到公司解散时也不能变现。换句话说,库存股是指那些在公司回购后并不注销,而由公司自己持有,在适当的时机再向市场出售或者用于对员工激励的股票。

二、所有者权益变动表调整三步骤

所有者权益变动表的调整三步骤：修正、加减、结转。下表是所有者权益变动表的格式。

所有者权益变动表

项目	本年金额						上年金额					
	实收资本（或股本）	资本公积	减：库存股	盈余公积	未分配利润	所有者权益合计	实收资本（或股本）	资本公积	减：库存股	盈余公积	未分配利润	所有者权益合计
一、上年年末余额												
加：会计政策变更												
前期差错更正												
二、本年年初余额												
三、本年增减变动金额（减少以“－”号填列）												
（一）净利润												
（二）其他综合收益												
1. 可供出售金融资产公允价值变动净额												
2. 权益法下被投资单位其他所有者权益变动的影响												
3. 与计入所有者权益项目相关的所得税影响												
4. 其他												
上述（一）和（二）小计												
（三）所有者投入和减少资本												
1. 所有者投入资本												

续表

项　目	本年金额						上年金额					
	实收资本(或股本)	资本公积	减:库存股	盈余公积	未分配利润	所有者权益合计	实收资本(或股本)	资本公积	减:库存股	盈余公积	未分配利润	所有者权益合计
2. 股份支付计入所有者权益的金额												
3. 其他												
(四)利润分配												
1. 提取盈余公积												
2. 对所有者(或股东)的分配												
3. 其他												
(五)所有者权益内部结转												
1. 资本公积转增资本(或股本)												
2. 盈余公积转增资本(或股本)												
3. 盈余公积弥补亏损												
4. 其他												
四、本年年末余额												

第一步:修正。

表中的"一"和"二"是一个从去年年底直到今年年初值的修正,"上年年末余额"反映的是上年资产负债表中实收资本、资本公积、库存股、盈余公积、未分配利润的年末余额;"会计政策变更"是追溯会计政策变更的累积影响金额;"前期差错更正"是追溯会计差错更正的累积影响金额;"本年年初余额"是前三者相加所得的金额。

简单总结就是:去年的所有者权益不能直接当作今年的年初金额,要"修正"一下。

第二步:增减。

接着往下看“三、本年增减变动金额”，这里面包括五个部分。

（一）净利润

（二）其他综合收益

（三）所有者投入和减少资本

（四）利润分配

（五）所有者权益内部结转

如果将“二、本年期初余额”和“三、本年增减变动金额”相加，就得到了所有者权益变动表里的“四、本年年末余额”，由此可见所有者权益变动表的整体逻辑非常简单。

在“三、本年增减变动金额”里，其实可以分成两部分来看：（一）到（四）呈现的是实际引起所有者权益增加或减少的部分；（五）是所有者权益内部的结转，并不引起所有者权益的增加或减少。

“（一）净利润”反映了企业当年实现的净利润（或净亏损）金额。

“（二）其他综合收益”反映企业当年直接计入所有者权益的利得和损失的金额。其子项“1. 可供出售金融资产公允价值变动净额”反映企业持有的可供出售金融资产当年公允价值变动的金额；子项“2. 权益法下被投资单位其他所有者权益变动的影响”反映企业对按照权益法核算的长期股票投资，在被投资单位除当年实现的净损益以外其他所有者权益当年变动中应享有的份额；子项“3. 与计入所有者权益项目相关的所得税影响”反映企业依据规定应计入所有者权益项目的当年所得税影响金额。

“（三）所有者投入和减少资本”反映企业当年所有者投入的资本和减少的资本。其子项“1. 所有者投入资本”反映企业接受投资者投入形成的实收资本（或股本）、资本溢价或股本溢价；子项“2. 股份支付计入所有者权益的金额”反映企业处于等待期中的权益结算的股份支付当年计入资本公积的金额。

“（四）利润分配”反映的是企业当年的利润分配金额。其子项“1. 提取盈余公积”反映企业按照规定提取的盈余公积金额；子项“2. 对所有者（或股东）的分配”反映对所有者（或股东）分配的利润（或股利）金额。

可以看到(一)到(四)的确会引起所有者权益金额的增加或减少,是所有者权益实实在在的增减。当然,“利润分配”也只有在进行分红的时候,才是减少了公司的所有者权益,需要减去,否则不过是内部的腾挪而已。

第三步:结转。

“(五)所有者权益内部结转”反映企业构成所有者权益的组成部分之间的增减变动情况。其子项“1. 资本公积转增资本(或股本)”反映企业以资本公积转增资本或股本的金额;子项“2. 盈余公积转增资本(或股本)”反映企业以盈余公积转增资本或股本的金额;子项“3. 盈余公积弥补亏损”反映企业以盈余公积弥补亏损的金额。

“(五)所有者权益内部结转”说白了是企业在自己内部“左手倒右手”的行为,并不会引起所有者权益总量上的变动。

总体来看,所有者权益变动表的内容比较简单,许多内容其实在资产负债表和利润表中都已经呈现过,单独列表,也只是所有者权益变动信息的一个集合。

所有者权益变动表要传递的信息

在开始本节学习前,我们先快速思考三个关键问题。

(1)如何复盘所有者权益变动表的核心内容?

(2)可能造成所有者权益变动的股利分配,具体都有哪些情况?

(3)我们更该关注企业的资产,还是企业的净资产?

一、复盘所有者权益变动表

所有者权益变动表是财务报表里逻辑最简单的表格,总结起来就是前面提到的“三步骤”——修正、增减、结转。

(1)修正。先把去年年底的数据拿来,看看要不要因为会计规则或者前期差错的原因进行一些修改,改完了就是今年年初的数据。

(2)增减。找出那些会引起所有者权益变动的因素,并一一罗列下来。

但看似罗列了很多，其实总结下来，真正对所有者权益变动表影响比较大的，只有以下两个方面。

①利润。也就是企业凭借自己的努力，赚到钱了，引起所有者权益增加；当然，如果企业经营不善产生亏损，则引起所有者权益减少。

②所有者投入。也就是投资者因为看好企业追加投资，进一步投钱引起所有者权益增加；投资者投钱当然是要分享企业胜利的果实，那些因为现金分红而引起的数据变化，就是所有者权益的减少。

(3)结转。在所有者权益内部进行结转，并不会引起所有者权益的增加或减少，是企业自己“左手倒右手”的行为。

二、股票投资人心心念念的“分红”

说到所有者权益的变动，其中利润引起所有者权益的增减，我们在利润表里已经很清楚了；而所有者投入是投资人自身乐观判断下的投资行为，下面我们重点看看利润分配里的股利分配，这也是很多股票投资人心心念念的“分红”。

总体来看，股利分配是企业将自身的财务收益回报股东的行为，它主要有四种形式：发放现金股利、企业送股、股票分割和股权流通对价。

(1)发放现金股利，是上市公司以现金分红的方式，将盈余公积和当期应付利润的部分或全部发放给股东。

(2)企业送股，即发放股票股利，可以理解成股东拿到了现金股利后又接着将其当作本金进一步投资给企业了。

(3)股票分割，是在保持原有股本总额不变的前提下，将每股股份分割成若干股，股票的面值降低了，但股票的数量增加了。

(4)股权流通对价，是非流通股股东为获得流通权而向流通股股东支付的对价。说明一下，流通股是指在上海证券交易所、深圳证券交易所及北京两个法人股系统 STAQ、NET 上流通的股票；非流通股指中国证券市场上的上市公司中不能在交易市场上自由买卖的股票（通常包括国家股、国有法人股、内资及外资法人股、发起自然人股等）。非流通股的股票除了流通权与流通股不一样外，其他权利和义务都是完全一样的，并且只有通过拍卖或协议转让的方式，在获得证监会的批准后才能进行流通。

不同的股利分配没有好坏之分，只是通常来说，在股票市场大好的时候（牛市），股东比较喜欢企业送股，而股票市场惨淡的时候（熊市），股东比较喜欢发送现金股利，那些经营业绩好，具有稳定且较高现金股利支付能力的公司股票通常称为蓝筹股，这是资本市场上最受追捧的对象。

（1）发放现金股利，公司的股东权益和公司的资产同时减少，而且还会导致企业的现金流流出，所以，这是会引起所有者权益减少的一个常见原因。而且发放现金股利还导致了现金流净流出，所以无形中增加了对公司现金流管理的要求，只有现金流管理良好，才能保证公司对外展示的是持续稳定的现金股利政策，否则就会给人经营不善的感觉，连钱都分不了的企业，经营一定很困难！

（2）企业送股相当于股东拿赚到的钱再追加投资，类似"肉烂在锅里"，所以并不会引发所有者权益减少。而且，这样的行为也是给市场释放对未来发展前景看好的有利信号，表明公司对未来的增长充满了信心。对股东来讲，虽然短期没有直接拿到真金白银的回报，但是只要公司能兑现承诺实现持续高速发展，其未来的总收益应该比只是当前拿走现金股利要高很多。

（3）股票分割给人的感觉好像多此一举，似乎不过是把大面值股票切换成小面值股票，这也不会引起所有者权益的增加或减少。但是，对于中小投资者来说，股票分割还是很有吸引力的：一是更低面值的股票在市场上更易流通，因为有更多的人可以买得起；二是给市场传递积极的信息；三是如果分割后每股现金股利比股票分割前更高，股东收益更高，股东就不会随便出售手中的股票，这样公司的股票价格也会能够保持稳定。

（4）股权流通对价是帮助非流通股增加流通性，这也不会引起所有者权益的增加或减少。

三、所有者权益变动表和资产负债表

有一个值得我们思考的问题，那就是所有者权益变动表反映了所有者权益的变动(其实也就是企业净资产的变化),而企业的资产负债表表现出来的是企业总资产的变化。那么,我们要如何看待企业的总资产和净资产的变化呢?

企业的总资产是指由企业过去的交易或事项形成的、由企业拥有或者控制的、预期会给企业带来经济利益的资源。而企业的净资产是指企业的资产总额减去负债以后的净额,是指所有者权益或者权益资本。

作为不同的财务报表,资产负债表能够更加全面地揭示企业整体资产的变动情况,而所有者权益变动表只是企业净资产的变动展示,所呈现的信息维度不同:资产就是把"所有放进企业口袋里的东西"都记录下来,其中负债不过是把口袋里不真正属于企业的东西"打个负债的标记",相比较所有者权益变动表则会表现得更加关注企业自己那"一亩三分地"的情况。

资产信息的变动比净资产信息的变动更值得关注,这主要由资产的三个特性决定。

1. 资产由企业过去的交易或者事项形成

只有过去的交易或事项才能产生资产,企业预期在未来发生的交易或者事项不形成资产。因此,关注资产能帮我们全面还原企业过去发生了什么,沉淀了什么,而净资产没有这么全面。

2. 资产预期会给企业带来经济利益

资产具备能够直接或间接导致资金或现金等价物流入企业的潜力。资产的这种潜力可以来自企业日常的生产经营活动,也可以是非日常活动;资产所带来的经济利益可以是现金或者现金等价物,或者是可以转化为现金或者现金等价物的形式,或者是减少现金或现金等价物流出的形式。因此,关注资产可以看到企业未来带来经济利益的趋势,而净资产体现不出来。

3. 资产是企业拥有的或者控制的资源

资产作为一项资源,应为企业拥有或者控制,具体指企业享有某项资源的所有权,或者虽然不享有某项资源的所有权,但该资源能被企业控制。这里非常重要的一点是,虽然在有些情况下,某些资产不为企业所拥有,即企业并不享有其所有权,但企业实际"控制"了这些资产,同样表明企业能够从这些资产中获取经济利益。因此,资产能够非常全面地展示企业的“综合影响力”,而净资产体现不出来。

正是资产的这三个特性,使得虽然所有者权益变动表从2007年开始就独立出来,成为财务的第四张报表,但它一直被当作企业财务信息的附属表,人们通常还是更关注资产负债表、利润表和现金流量表所呈现的信息,所有者权益变动表只是按要求必须披露的财务报表罢了。人们也是在看完前三张财务报表后,再从所有者权益变动表里顺带了解一下所有者权益的变动情况,该表并不是分析人员的主要分析对象。

至此,关于所有者权益变动表也介绍完了,接下来一起看看,这些财务报表之间到底都是什么关系。

财务报表如何“生万物”

在开始本节学习前,我们先快速思考三个关键问题。

(1)四张财务报表所要表达的核心观点是什么?

(2)四张财务报表之间到底是如何相互关联的?

(3)什么是会计里的钩稽关系?

一、复盘四张报表,读懂企业的四个现状

可以说,财务的四张报表相当于企业交给外界检验自己在经营了一段时间后表现如何的“成绩单”,只是每一张报表想要呈现的东西有所侧重。

(1)利润表代表企业基于自己控制的资源和能力,经过一段时间内的经营而展现的“赚钱”能力,利润表的核心公式是“收入-成本费用=利润”,通过利润表我们会发现企业的变化是越来越好还是越来越差,从而读出“企业的发展现状”。

(2)现金流量表代表企业拥有的“现钱”处境,现金流量表的核心公式是“当期现金净增加额=经营现金净流量+投资现金净流量+筹资现金净流量”,反映企业现金流入流出的过程,展示企业对资金的筹措和管控能

力。通过现金流量表,我们会看到企业是否面临基本的生死考验,从而读出“企业的生存现状”。

(3)资产负债表代表企业真正的“有钱”硬实力,因为这才是企业实际能够控制的资源,资产负债表的核心公式是“资产 = 负债 + 股东权益”,我们看到企业有多少资产,分别是什么资产;有多少负债,长短期负债各有多少;通过资产负债表,我们会看到企业到底家底如何,从而读出“企业的身价现状”。

(4)所有者权益变动表代表企业“自家钱”的现状,所有者权益变动表的核心公式是“(所有者权益)本年年末余额 = 上年年末余额 + 修正变动 + 本年增减变动金额”,反映了企业净资产增加还是减少,在这里我们看到了企业投资人的投资回报表现,从而读出“企业的收获现状”。

归纳起来看,利润表、现金流量表、资产负债表和所有者权益变动表这四张财务报表合在一起,共同表现了企业核心的财务特征,财务报表的使用者可以依据自己的需要去查看不同的报表,并且进行分析与解读。

二、四张财务报表的关联性

这四张财务报表是有高度关联性的,并不是完全割裂地去呈现毫不相关的信息,我们只有通盘观察这四张报表,并将四者的信息结合起来,充分理解其中的关联,才能真正看到企业的财务全貌。

(1)财务报表的分析最早起源于19世纪末20世纪初,主要是为银行的信用分析服务,资产负债表由于可以很好地体现一个人的“身价”能力,自然是最基础的,也是最重要的,所以也是最早诞生的。古希腊哲学家赫拉克利特曾经提到“人不能两次踏进同一条河流”,作为呈现某一个时间点资产状况的资产负债表,所反映的“资产”其实也是无时无刻不在发生变化的,而资产负债表的呈现其实就是水流某个时间点的横切面。

(2)在某一个时间点的资产负债表(期初值),之所以能够在期末的时候能有所变动,正是拜利润表所赐,于是资产负债表衍生出了利润表。

(3)资产负债表的资产可以分为现金和非现金资产,现金的增加和减少诞生了现金流量表;而资产中的所有者权益的变动,诞生了所有者权益变动表。

所以,看似四张报表之间是相互独立的四个角度去诉说企业的财务状况,但其实它们是紧密相连、深度捆绑的。

三、四张财务报表的钩稽关系

深刻理解四张财务报表的内在关联,同时掌握好财务报表的钩稽关系,就能帮我们更好地理解财务报表,并且确保财务报表的准确性和真实性。所谓钩稽关系,是指账簿和会计报表中有关数字之间存在的、可据以相互查考、核对的关系。

我们一起来看一下几种常见的钩稽关系。

资产负债表和利润表有着非常多的关联,前面我们说了,利润表引起资产负债表的变动,所以利润表最终产出的净利润会直接等于资产负债表中的"期末盈余公积 + 期末未分配利润 - 期初盈余公积 - 期初未分配利润 + 期内实施的分红"。

同时,由于净利润最终增加企业净资产中的盈余公积和未分配利润,所以和所有者权益变动表也是关联的,毕竟企业赚钱净利润为正,会增加所有者权益;企业亏损净利润为负,会减少所有者权益;反过来的,利润表每产生一笔收入,要么会获得现金,要么产生"应收账款""应收票据"。因此利润表的收入,又通过收到现金和产生"应收账款""应收票据"与现金流量表和资产负债表产生了关联(须注意剔除税的影响);此外,现金流量表也和利润表与资产负债表深刻关联着,当企业在进行支出的时候都会引起现金的变化,这需要记入现金流量表;但是这笔支出是记入资产负债表还是利润表,则要看该支出是只在一年内起作用,还是会在超过一年的期限内起作用。如果是一年内起作用就要记入利润表,作为"当期费用";如果是一年以上则需要作为资产,记入资产负债表。

在剔除现金等价物的影响下,现金流量表中的"现金和现金等价物的净增加额",应该等于资产负债表的货币资金的期末数扣除期初数。另外,需要说明的一点是,这种钩稽关系也不仅仅局限于财务报表相互之间,同时也可以在财务报表自身科目里找到,比如在编制资产负债表时,“固定资产净值”要等于“固定资产原值”扣除“累计折旧”。

以上就是财务报告中这几张报表所要表达的核心内容和相互之间的关系。

财务报表附注:拿到财务报表就只看“表”可不行

在开始本节学习前,我们先快速思考三个关键问题。

(1)什么是财务报表附注?通常包含了什么内容?

(2)财务报表附注有什么作用?

(3)财务报表附注有什么特征?

一、什么是财务报表附注

前面我们已经学完了利润表、现金流量表、资产负债表和所有者权益变动表,但其实人们很容易忽略掉财务报表还有一个非常重要的组成部分,那就是财务报表的附注。

财务报表相当于一个非常好用的体系化工具,这个工具自身的功能十分强大,但我们还需要对这个工具的使用进行说明,才能使得其功能得以正确释放,所以某种意义上来说,财务报表附注就是“财务报表的使用说明书”。

具体来看,财务报表的附注是为了帮助财务报表的使用者更深入、更全面地了解财务报表的内容,从而对财务报表的编制基础、编制原理和方法及主要项目等所作的解释和进一步说明。财务报表附注通常包括:不符合基本会计假设的说明;重要会计政策和会计估计的说明,以及重大会计差错更正的说明;或有事项的说明;资产负债表日后事项的说明;关联方关系及其交易的说明;财务报表中重要项目的说明以及其他重大会计事项的说明。

由此可以看到,财务报表的附注并不是我们学习和使用财务报表时可有可无、可看可不看的部分。相反地,财务报表附注在财务报表体系中的地位已经是日益重要,如果我们不重视掌握财务报表附注里面的内容,很可能会使我们错失进行关键性判断所需要的重要信息。

二、被忽视的财务报表附注的作用

具体来说,财务报表附注作为一个完整的工具使用说明书,它的作用可以体现在以下三个方面:

(1)提高会计信息的相关性和可靠性。通常来说,我们对于会计信息的要求就是既要相关又要可靠,所以相关性和可靠性是会计信息的两个基本质量特征。而如果我们通过财务报表附注的信息披露,就可以在不降低会计信息可靠性的前提下,还能提高信息的相关性。

(2)增强不同行业和行业内部不同企业之间信息的可比性。虽然财务报表最终都会"落到数字上",但其实这些数字上面所体现的信息是由多种因素综合形成的,大经济环境下的不确定性、不同行业的差异化特征以及企业在不同时期的变化,都很有可能会降低不同企业之间会计信息的可比性以及同一企业前后不同时期会计信息的一贯性。那么我们如果通过财务报表附注就可以通过披露企业的会计政策和会计估计的变更等情况,向外界传递相关信息,使得变动的情况被外界充分掌握,从而大致可以在相同标准下进行比较。

(3)财务报表附注本身就是财务报表体系的重要组成部分。财务报表的附注和财务报表主表之间是相互依存、不可或缺的关系,两者必须紧密结合才能构成一个完整体,因为如果没有财务报表主表的存在,那么财务报表附注就面临着"皮之不存,毛将焉附"的处境;同样地,如果财务报表主表没有了财务报表附注的配合,那我们很有可能在判断时陷入拿"苹果"和"橘子"来进行比较的尴尬境地。

三、财务报表附注的四大特征

财务报表附注既然如此重要,那么它通常会有什么特征呢?

通常来说,财务报表的附注会有四大特征:

(1)附属性:它是指财务报表附注和财务报表主表之间合起来是一个共同体,但两者之间还是存在一个主次关系。财务报表是主,财务报表的附注处于从属地位,可以说这个相互关系还是很好理解的。

(2)解释性:它是指我们通过财务报表附注对财务报表的编制基础、编制依据、编制原则和方法及主要事项等进行解释,这可以帮助我们理解财务报表里高度浓缩的会计信息,从而为我们进一步进行对比和判断打下坚实的基础。

(3)补充性:它是指财务报表附注极大地拓展了企业会计信息的内容,我们通过财务报表附注的文字说明、统计资料和定性信息等内容,可以更加全面地了解企业的真实情况。

(4)建设性:它是指财务报表附注除了是财务报表的附属、解释和补充以外,还会进行分析、评价,以及有针对性地提出企业改进工作的建议和措施,从而可以帮助我们更好地看到一家更加"鲜活且真实"的企业。而且,企业自身还可以在财务报表附注里自愿地去披露企业在安排就业、员工培训、社区服务、环境治理等方面的信息,而这些信息的披露无疑是会有助于树立企业的良好形象和促进公众认可度的。

综上,我们学习财务报表,千万不能只关注财务四张报表主表的内容,同时也要关注财务报表附注,只有这样才能够正确使用财务报表这个工具,才能更加全面真实地认识到企业的真实情况。

第六章

上市公司财务报告——企业经营情况的晴雨表

掌握财务报告的基本情况

在开始本节学习前,我们先快速思考三个关键的小问题。

(1)在哪里获取财务报告?

(2)财务报告的结构是什么样的?

(3)阅读一家公司的财务报告,我们重点要先关注哪些内容?

前面我们已经掌握了财务报表的内容,也理清了四张财务报表之间的关联关系,那么问题来了:我们通常要到哪里去看企业的财务报告呢?

一家公司的财务报告信息反映的是公司的"成绩单",这里面透露了企业经营的各种情况,是企业经营非常重要的商业机密,通常不会展现在世人面前。

但是,有一种情况下企业不得不将自己的财务报表展现在世人面前,而这样的企业就是我们通常所说的上市公司。

上市公司,是指根据《中华人民共和国公司法》第四章第五节的相关规定,其所公开发行的股票经过国务院或者国务院授权的证券管理部门批准在证券交易所上市交易的股份有限公司。反之,所谓非上市公司,是指其股票没有上市和没有在证券交易所交易的股份有限公司。

截至 2018 年,在国内 A 股上市的公司共计 3 584 家,按照要求,上市公司需要按照公历的自然年划分经营年度，并按季度披露财报。

一、如何获取上市公司的财务报告

一家上市公司的财务报告可以具体划分为一季报、半年报（也称“中报”）、三季报和年报，是企业在不同的时间节点向股东汇报对应期限的企业经营情况的报告。其中年度财务报告准备时间最长，信息披露最详细，可信度最高。而且，企业的年报要求比较严格，必须经过会计师事务所的审计。

不仅因为上市需要按要求披露财务报告，对于财务报告披露的时间也有明确的规定要求。

（1）第一季度、第三季度季报要求在季度结束后 1 个月内披露。

（2）半年报要求在上半年结束后 2 个月内披露。

（3）年报要求年度结束后 4 个月内披露（事实上，上市公司的年报，按照要求需要在次年 4 月 30 日之前披露；如果一家公司无法按时披露年报，会被交易所做停牌处理。试想一家上市公司连年报都不能披露了，经营中一定存在很大的问题）。

从具体操作来看，我们可以通过上海证券交易所网站、深圳证券交易所网站、企业官网和第三方财经类网站免费下载上市公司财务报告。

在分析财务报表之前，准备好一定的分析“素材”也是十分必要的，通常来看，需要准备好以下“素材”。

1. 最新的年报和季报

财务报告里面最重要、最翔实的就是年报，因此，年报是我们一定要准备好的。与此同时，由于我们分析的时间点，未必是一个年度刚好结束的时候，这个时候顺带分析最新一期的季报，有助于我们把握公司的最新情况。

2. 公司历史的年报

我们比较容易获取上市公司当年的年报，但是只看公司最新一年的情况通常是不够的，所以需要把公司往年的年报也下载下来，进一步去了解它的变化趋势。通常来说，我们至少要下载最近三年的年报；但是如果我们真正想要深入了解这家企业的“前世今生”的话,可以把公司自招股说明书以来,所有的年报全都下载下来。

3. 同行业竞争对手的年报

除了该公司的年报,与目标分析公司同一行业的竞争对手的年报,也是我们需要下载的对象。通常来说,处于该行业领先水平的一两家头部企业,以及与所关注企业发展水平、发展阶段类似的一两家企业的年报,我们有必要全部进行比较分析。当然,如果我们还要分析得更深刻一些,可以把国外同行业的企业的年报也下载下来进行比较分析。

二、财务报告的结构和内容通常长啥样

我们通常会说财务报告中年报的内容最为翔实,因此接下来我们就以年报为例来看一下财务报告的主要结构和内容。下面以蓝筹股贵州茅台2018年的年报为例进行说明。

打开贵州茅台2018年年报的目录,我们可以看到一共有十二节。需要说明的是,不同国家/地区的上市公司、不同领域的上市公司、上市公司不同时期的年报,其财务报告的结构可能会有些许差异,但年报所呈现的核心内容基本一致。

第一节 释义(报告中涉及的主要名词的解释说明)。

第二节 公司简介和主要财务指标(公司最核心的信息介绍和主要的财务指标概览)。

第三节 公司业务概要(介绍公司当前从事的主要业务、经营模式和行业情况、公司的核心竞争力等)。

第四节 经营情况讨论与分析(结合公司的财务表现,对公司的详细经营情况、未来发展进行讨论与分析)。

第五节 重要事项(包括的内容是投资者特别关注的方面,注意其中可能埋藏着公司能否正常持续经营的“雷”,随时有可能引爆重大风险)。

第六节 普通股份变动及股东情况(对公司普通股变动和公司股东的情况说明)。

第七节 优先股相关情况（如适用，则为对优先股的情况说明）。

第八节 董事、监事、高级管理人员和员工情况（对董事、监事、高级管理人员、员工、薪酬政策等情况的说明）。

第九节 公司治理（对公司治理情况的说明）。

第十节 公司债券相关情况（如适用，则为对公司债券的情况说明）。

第十一节 财务报告（审计报告意见，合并及母公司的资产负债表、利润表、现金流量表和所有者权益变动表、公司基本情况介绍以及各种财务细项的相关说明）。

第十二节 备查文件（备查文件目录说明）。

需要说明的是，上市公司的“第十一节 财务报告”里的财务报表的每张表都分别提供了合并报表和母公司报表。这里提到的母公司的资产负债表、利润表、现金流量表和所有者权益变动表，指的是上市公司本部的经营情况展现；合并的资产负债表、利润表、现金流量表和所有者权益变动表，指的是合并了上市公司本部及其控制的子公司乃至孙公司的经营情况；当报表合并时，会抵销这些母子公司和子孙公司之间的投资、交易和债权债务；由于子公司、孙公司是企业经营的重要组成部分，企业的最终业绩是由母公司本部和子公司、孙公司共同完成的，所以投资者通常最关心合并后的财务报表。

当然，并不是上市公司的每一家子公司、孙公司都是由上市公司100%持股，那些在子公司、孙公司里占有股份的股东所对应的资产，在资产负债表里叫作“少数股东权益”；他们所对应的利润或亏损，在利润表里就叫“少数股东损益”，报告期内上市公司股东拥有的净利润被叫作“归属于母公司所有者的净利润”。

归属于母公司所有者的净利润 ÷ 公司总股本 = 每股收益

股票价格 ÷ 每股收益 = 市盈率

这样就得到了投资者比较关注的股票市盈率。

三、如何快速查看财务报告的要点

通过财务报告的结构,我们可以看到,企业的财务报告按照上市的要求,披露得已经非常翔实了。那么,我们分析的时候有必要把财务报告从头到尾事无巨细地完完整整阅读一遍吗?

答案当然是:不用。

因为上市公司的年报是按照要求完整地披露所有相关信息,但这些信息很多其实远远和财务报表无关,并且和企业财务报表所反应的企业经营相关性也不强,这些信息我们可以不去重视,作为次要信息略微了解即可。

具体来说,我们拿到一家公司的年报以后,可以按照下面的内容来阅读。

(1)如果我们对这家公司比较熟悉(比如是这家公司的股东或者之前多次阅读过该公司的财报),可以只看"第二节 公司简介和主要财务指标",快速了解一下公司所披露的重要财务信息。

(2)如果我们对这家公司不够熟悉(比如刚学习财务报表,或者第一次看这家公司的财报),那么"第十一节 财务报告"无疑是我们需要花大精力去阅读和掌握的。

(3)需要我们高度重视的是,第十一节里除了合并及母公司的资产负债表、利润表、现金流量表和所有者权益变动表要细看,背后各种财务细项的相关说明、附注也是需要细细品读的,因为同样的一个数字,不同口径下差异会很大,所传递的信息也很有可能截然不同。

(4)除了财务报表,"第三节 公司业务概要"(初次了解该公司时阅读)、"第四节 经营情况讨论与分析"(了解公司对于未来的思考和重要举措)、"第五节 重要事项"(了解企业经营变化的关键因素),这三节也是需要我们重点关注的。

(5)其他各节所提供的信息是相对比较格式化、标准化的内容,大致了解即可。

可以说,掌握了以上内容,阅读一家公司的财务报告以及重点阅读其中的财务报表,就已经基本没有什么障碍了。

我们还有一种了解企业的途径就是和董事会秘书(以下简称“董秘”)联系,董秘是上市公司里一个非常重要的角色,他是上市公司的高级管理人员,是由董事会聘任并对董事会负责,是上市公司与证券交易所之间的指定联络人。董秘对外负责公司信息披露、投资者关系管理;对内负责股权事务管理、公司治理、股权投资、筹备董事会和股东大会,保障公司规范化运作等事宜。

董秘对于公司的战略发展、经营管理、财务状况都非常了解,而按照要求,财务报告里需要披露董秘的联系方式。所以,我们可以与董秘通过电话沟通进一步了解企业的情况,或者针对自己的一些困惑进行沟通。笔者曾经给一些上市公司的董秘打过电话,也确实有些董秘能够提供一些财务报告里看不到的信息,这对我们了解企业的情况都是非常有帮助的。当然,董秘愿意说多少,不同企业的情况必然是不一样的。

怎样用财务报表进行分析

在开始本节学习前,我们先快速思考三个关键的小问题。

(1)怎么做到快速通览一遍财务报表?

(2)什么是企业自己和自己对比?什么是企业自己和别人对比?

(3)什么是学习财务报告的两点重要观察?

接下来,我们来一起看怎么样进行财务报表的分析。

一、通览财务报告里的财务报表

有了这些丰富的素材,就可以对企业的财务报表进行分析了。可以照资产负债表、利润表、现金流量表和所有者权益变动表的顺序先通览一遍。

1. 资产负债表通览

查阅资产负债表的资产规模和各个科目,看整体情况并分析有没有不合理的情况，这种不合理主要是结构的不合理或者变动的不合理，比如应收账款、应收票据的比例过高或者大幅增加，负债的应付账款、应付票据是不是大幅增加等，如果有问题，先查看财务报告的附注里是怎么解释的，这个解释是否合理。

2. 利润表通览

查阅企业的利润水平和各个科目，查看最终利润率、营业利润和净利润的关系是否合理，营业利润率是否保持稳定等，如果觉得有问题，同样看财务报告的附注里是怎么解释的，这个解释是否合理。

3. 现金流量表通览

查阅企业的三大现金流变动情况，重点看经营活动现金流量的变动，以及是否整体稳定；还可以拿经营活动的现金流量净额和净利润进行对比，查看企业利润的变现率是否合理，如果企业的净利润数字很好看，但是经营现金流特别差，就要查找一下是什么原因造成的。

4. 所有者权益变动表通览

在所有者权益变动表查看所有者权益整体的变动情况，大致心中有数即可。

二、分析财务报告的两个对比

在看完企业最新的财务报表，对企业的财务情况有了大体了解之后，接下来就要做好两个对比：企业自己和自己对比；企业自己和别人对比。

1. 企业自己和自己对比

"企业自己和自己对比"是指企业当前的数据和企业历史的数据进行对比。

企业经营并不是只在某一时刻发生，而是持续经营不断发展壮大的，因此我们要看企业，就要看企业的历史过往，看企业现在的情况和历史的情况是怎样变化的。

比如，我们看到一家企业最新一年的营业收入较去年增长50%，乍一看是不是感觉这个数字还是很不错的？但是假如我们再往前，发现前两年的营业收入同比增长分别是 300%、200%，那么这家企业正在从快速发展转到中高速发展阶段，增速放缓趋势十分明显。

同样的，我们看到一家企业应收账款占比较高，如果我们看到历史发现之前比现在还要高，这倒是说明企业的经营管理正在改善。

除此之外，有一种情况要特别注意，就是往年数据特别好或者特别不好，但是某个时间开始数据发生剧烈变化，这一方面可能是企业发生重大事件，另一方面则要考虑数据的可信度了。

我们以贵州茅台为例，可以看到 2017 年到 2019 年贵州茅台的营业总收入是在增长的，但是同比增速有逐年下降的趋势，说明贵州茅台的收入规模增长正在放缓。

贵州茅台营业总收入

项　　目	2017 年	2018 年	2019 年
贵州茅台营业总收入（单位：百亿元）	6.11	7.72	8.89
贵州茅台营业总收入同比（单位：%）	52.0	26.4	15.2

2. 企业自己和别人对比

"企业自己和别人对比"是指企业当前的数据和企业竞争对手当前的数据进行对比。

假定我们看到一家企业最新一年的营业收入增长速度是 10%，并且过去两年的增速分别是 3% 和 5%，那么，我们是不是就可以认为这家企业现在发展的趋势还挺不错的呢？

其实这就涉及和别人对比了：虽然我自己在增长，而且增长比往年还要好，但是有可能是这个行业正处在最好的发展阶段，假如这个行业平均的市场规模增长速度超过 30%，而且这个市场上的主要玩家的营业收入同比增长速度都超过了 50%，那在表面看起来不错的数字反而说明了一个非常严峻的问题——企业的增长低于行业的平均增长水平，而且竞争对手的增长速度远远超过了这家企业，说明企业用户的购买意愿并没有跟上行业的好势头，企业的竞争优势在慢慢消失，市场份额正在降低。按这个态势发展下去，企业非常有可能被跑得更快的竞争对手淘汰！

所以,如果我们没有抬头看外面的世界,只是一直低头自己和自己的过去比,感觉一直在发展,而且发展得越来越好,就很有可能被表面的增长所迷惑,不知道企业其实已经陷入了严重的发展危机。

而且,与竞争对手相比,还能让我们避免对“表面成绩”沾沾自喜。例如,如果一家企业的营业收入增长速度连续几年达到100%的增长,我们可能会觉得企业的发展势头很迅猛,但是与竞争对手对比就会发现,这家企业的规模相比竞争对手太小了,所以看着特别高的增速也要大打折扣,企业发展快只是因为“船小好调头”,现在这家企业在市场上还没有任何地位,远远没有到达值得庆祝的地步。

以上是和竞争对手的营业收入的比较。其实除了营业收入、费用构成等比较外,资产负债结构、现金流的情况也是需要我们进行对比和分析的,只有这样才能更全面地了解和竞争对手的差距在哪里,企业的管理层运营管理水平如何,以及企业现在在市场上的地位实际上表现如何。

在白酒市场中,一直存在“茅五洋”的说法,意指贵州茅台、五粮液和洋河股份这三家白酒上市公司是该行业的前三强,当然处于第三名的企业也经常会发生变化。我们在看行业对比的时候,同时要对比贵州茅台、五粮液和洋河股份。可以看到从整体的收入规模来说,五粮液和洋河股份都不如贵州茅台;从收入增长来看,五粮液相对比较稳定,并且2018年和2019年的收入均超过贵州茅台,收入差距正在缩小;与洋河股份对比的话,贵州茅台的收入增速则要明显好很多。

“茅五洋”营业总收入

项　目	2017年	2018年	2019年
贵州茅台营业总收入(单位:百亿元)	6.11	7.72	8.89
贵州茅台营业总收入同比(单位:%)	52.0	26.4	15.2
五粮液营业总收入(单位:百亿元)	3.02	4	5.01
五粮液营业总收入同比(单位:%)	23.3	32.5	25.3
洋河股份营业总收入(单位:百亿元)	1.99	2.42	2.31
洋河股份营业总收入同比(单位:%)	15.7	21.6	-4.5

所以,通过全面的财务报表分析,我们可以了解到企业的最新情况,也能看到企业的历史情况以及和竞争对手的对比情况。经过分析之后,可以说我们这个财务报表分析已经算是初有成效了。

三、看财报千万不能忽视的两个方面

在查看上市公司财务报告的时候,还有两个方面需要特别注意。

1. 重要提示

比如在贵州茅台2018年的整个财务报告前面会有一个重要提示,提醒我们这里有一些很重要的信息不容错过,其中有如下三句话:

(1)本公司董事会、监事会及董事、监事、高级管理人员保证年度报告内容的真实、准确、完整,不存在虚假记载、误导性陈述或重大遗漏,并承担个别和连带的法律责任。

(2)天职国际会计师事务所(特殊普通合伙)为本公司出具了标准无保留意见的审计报告。

(3)公司负责人李保芳、主管会计工作负责人何英姿及会计机构负责人(会计主管人员)陈华声明:保证年度报告中财务报告的真实、准确、完整。

第一句话翻译过来是:我们公司的高管保证财务报告是真实的,没有撒谎作假的地方。

第二句话翻译过来是:以第三方机构的名义保证,专业人士判断这个财报没有问题。

第三句话翻译过来是:承诺财报没有问题的财务人员具体有哪些。

其中,第二句话会计师事务所给的意见是“标准无保留意见”,这点非常重要,甚至对这个财报是否值得我们看下去,是有一票否决权的作用。第一句话和第三句话都是“套话”,财务报告里都会有这么一套说辞,但是第二句话中的这个意见,是该审计机构在自身的专业意见和基于现实情况的最终说法。

要知道,截至2018年12月31日,全国有会计师事务所7 862家(不含

分所），但其中只有40家会计师事务所拥有证券、期货审计牌照，也就是说，这顶尖的40家会计师事务所，承包了整个A股市场3 000多家上市公司的审计业务。所以，一方面这些会计师事务所处在行业的顶尖，专业性更有保障；另一方面，这些珍视牌照、爱惜羽毛的会计师事务所如果对所审计的企业没有给出“标准无保留意见”，说明基于他们的专业判断，或者企业自身的长远利益考虑，不肯给出最严谨的意见，那么这样的财务报告就是不值得看的。

2. 从财务回归业务

就像我们前面提到的小文的奋斗故事，带动个人可支配收入的提升和个人资产/净资产的增长一样，企业的利润增加、资产/净资产增加也是企业高效经营的成果，所以这就要求我们要“跳出财务”，从业务本身去看企业的合理性。毕竟所有的财务表现，反映的都是企业战略和经营背后的结果。

以贵州茅台的财务报告为例，“第三节 公司业务概要”“第四节 经营情况讨论与分析”和“第五节 重要事项”都有关于企业经营的关键信息披露。其中，公司业务概要告诉我们企业是做什么的，怎么做，以及为什么该企业比别的企业做得好；经营情况讨论与分析告诉我们公司是怎么看待市场的，怎么经营这家企业的，未来打算怎么继续做大做强的；重要事项主要是披露一些所有企业利益相关者都会重点关注的信息，但这里的信息有可能会埋一个“大雷”，如果爆炸将会让企业陷入无法自拔的危机中。

所以，我们只有知道企业做的是什么样的商业，企业的管理层对市场的认识是否清醒而又准确，企业原来怎么做、未来打算怎么做，才算把财务报告看明白了。

尤其连续看多年的财务报告，可以很明显地看到企业管理者经营思路的连续性和前瞻性，企业经营者承诺的目标有没有一一实现，如果没有实现是什么原因，是企业管理不善还是对市场的判断出了问题，等等。只有掌握了这些信息，才能避免在看企业的财务报表时浮于表面，只是就数字说数字，就财务说财务，会远远脱离企业的实际情况。

| 第七章 |

企业的财务分析——帮你快速抓住企业的本质

从企业的“前世今生”看分析重点

在开始本节学习前，我们先快速思考三个关键问题。

(1)什么是企业的四大发展阶段？它和企业上市有什么关系？

(2)什么是体现企业关键能力和状态的财务指标？

(3)什么是绝对值、相对值？什么是环比、同比？

前面介绍了“利润表”“现金流量表”“资产负债表”和“所有者权益变动表”，以及这四张财务报表之间的关系，还介绍了如何更好地利用上市公司的财务报告分析财务报表。

接下来，我们看企业发展和财务报表之间的关系，以及我们怎样用一些常见的分析指标和分析方法，更好地解读企业的关键信息。

一、什么是企业的四个发展阶段

前面讲到的四张报表，其实都是用来描述企业的财务状况的，要想更好地理解财务报表所反映出的企业所处阶段和处境，就很有必要了解企业的发展阶段。

企业自身发展通常都是有规律可循的，一家企业大概会经历四个发展阶段，在不同阶段，企业的资源能力、业务经营、核心竞争力和财务表现往往都大不相同。

1. 创业期

创业期是指企业刚成立的一段时期，这时作为一家初创企业，企业经营的目标仅仅是生存下来。

根据中国第一财经报数据统计，在2017—2019年三年间中国初创企业的存活率不足1%，这也就意味着100个创业公司在三年内有99家会倒闭。

所以，那些幻想“一年创业，两年融资，三年上市”的创业团队，其实太过乐观了。

通常企业刚刚成立，没有什么资源，能力也不够强大，产品可能也不是很成熟，愿意花钱消费的用户很少，看不出来企业有什么核心竞争力，因此企业在财务上的表现常常是资产规模较小，利润很低甚至亏损，经营现金流少而且不稳定，企业能够吸引到的投资人也很有限。

如果企业这时候有一个比较靠谱的产品，并且能够以低成本的方式销售给用户，那么企业可能会生存下来，度过创业期。

2. 成长期

一家企业如果熬过了最初的生存阶段，就会进入一个快速成长阶段。这个阶段，企业的产品或服务比较成熟，或者已经有了比较核心的产品线，也开始有一些稳定且较为忠诚的用户群，企业的业务模式、盈利模式、经营管理都开始有效地运转起来，企业的业务发展速度非常快，甚至已经在某些细分或者垂直领域有了一定的影响力，这时企业在财务上的表现为营业收入规模不断扩大并且增速很快，资产规模不断扩张，经营现金流开始增多，并且有可能已经实现了盈利或者正在主动用一定的亏损来换取市场，而且这样的快速成长很有可能会吸引更多的投资人或者资本方的兴趣。

这个时候企业的发展目标是要把自己的产品做得更加优秀，让自己在擅长的领域形成护城河，争取能有机会远远地甩开竞争对手。

3. 稳定期

没有企业能永远保持超高速增长，企业的增长总有减速的时候。当企业降到中等增长速度的时候，就进入了一个相对稳定的发展阶段。

这个时期的企业产品完全成熟，也形成了稳定的用户群，市场占有率平稳增长，企业有时为了业务增长开始进行多元化尝试，但大多数企业会由于业务增长出现瓶颈开始转而修炼内功，向内狠抓管理，从而实现节支降本增效，企业无论是营业收入、资产规模、经营现金流都相对保持稳定，无论是债权还是股权的融资能力也都比较强，与竞争对手已经形成差异化的竞争优势，同时在该领域的市场上有了一定的话语权。

4. 衰退期（二次发展期）

就像人不可避免地会衰老一样，企业的发展也有从正增长变成负增长的一天。当产业下行或者企业自身经营不善的时候，一家企业就很有可能进入衰退期。

处在这个时期的企业规模有可能不增反降，所有的财务数据也会出现不同程度的下滑，背后体现的是产品或服务在市场上的竞争力在减弱，用户更喜欢竞争对手的产品或者替代品的体验，企业甚至有可能因为资金链的断裂而突然倒闭，也有可能像温水煮青蛙一样不断地走下坡路。

当然，不是所有企业都会在稳定期后进入衰退期，有的企业重新发现了蓝海市场，或者通过技术创新、产品创新和资本运作等方式重新赢得了用户的认可，从而形成二次发展，重现了企业第二阶段、第三阶段的各种特征，各项财务指标开始向好的方向转变，企业仿佛重新焕发了青春一样。

了解了企业的不同发展阶段，我们也就知道了不同的企业处在不同的发展阶段，所呈现的财务状况也不同，通常我们可以通过财务报表看出企业当前大致所处的阶段和经营情况。

二、企业发展和“钱”的关系

企业要经营，要不断发展，就需要不断地和钱打交道，而企业“缺钱”是常有的状态，因此，企业需要不断地和金融机构打交道。

前面我们提到的上市公司，就是企业已经成功度过了创业期，处在了成长期的中后阶段，在经营风险比较小的情况下，通过投资银行（Investment Banking，IB）上市，在证券市场公开募集资金；如果企业处在创业期或者早先的成长期,则可以通过天使投资人(Angel)、风险投资(Venture Capital,VC)和私募基金(Private Equity,PE)进行股权融资。

在这个过程中,大众把钱投给上市公司的逻辑是:你很能赚钱,把钱给你用,让你赚更多的钱,然后我享受红利;机构把钱投给创业公司的逻辑是:你未来可能很能赚钱,把钱给你用,让你快速成长起来,然后我享受高额红利(当然也承担了更大的风险)。

三、体现企业能力和价值的核心指标

综上所述,企业的发展与自身的经营和资本紧密相连,企业从创业、发展、壮大再到上市,每一个阶段都可以通过财务报表进行记录,所以我们可以从财务报表的视角看到企业的经营成长史和资本融资史。

不过,财务报表展示的是企业的财务全貌,当我们衡量企业财务特征的时候,有时只要抓住核心指标就可以看出企业的核心能力如何。而这样的一些指标,有可能不会直接出现在财务报表里,而是需要进行简单的“加工”。所以,搞清楚体现企业不同核心能力的关键指标,显得尤为重要。

企业的核心能力主要包括成长能力、偿债能力、盈利能力和营运能力,这些能力可以通过相应的财务指标体现出来,上市企业会因为处于资本市场而呈现出一些独特的指标,而杜邦分析法则是一种可以用一个指标体现多种能力的经典分析方法。

(1)成长能力。看企业的成长能力,是指看企业当前所处的状态和未来发展的趋势,也看企业的潜力,因此我们会重点关注营业收入、营业利润、总资产,也会关注营业收入增长率、营业利润增长率、总资产增长率等指标。

(2)偿债能力。看企业的偿债能力,是指看企业的还钱能力,企业总是身背负债,因此负债的压力大不大、有没有能力归还、企业因此面临的财务风险有多大就尤为重要,我们可以从流动比率、速动比率、周转率等指标来了解。

(3)盈利能力。看企业的盈利能力,是指看企业的赚钱能力,当企业拥有了一定的资产,它有多大的能力赚多少钱,因此营业毛利率、营业利润率、营业净利率等指标是我们要去观察的。

(4)运营/营运能力。看企业的运营/营运能力，是指看企业管理公司经营效率的能力，所以应收账款周转率、存货周转率、流动资产周转率等指标是我们要注意的。

(5)杜邦分析法。杜邦分析法是企业在实践中总结出来，是一种较为完整的、同时能看出企业的偿债能力、盈利能力和运营能力的一种分析方法。

(6)市值管理。从企业发展和资本融资的角度来看，上市是企业发展的一个非常关键的里程碑，企业完成了从上市以前的不规范管理到上市以后的规范管理，由对自己负责到对投资人负责的转变。因此企业的市值管理以及企业经营和市值的关系也要不断关注，要看的指标有总市值、股价、市盈率等。

四、分析企业用到的统计学基础

当我们进行财务指标加工和财务分析时，还需要知道一些统计学的基本概念，如绝对值和相对值。

常用的总量指标属于绝对值，它是反映客观现象总体在一定时间和地点条件下的总规模、总水平的综合指标，比如资产、收入、利润。

相对指标就是相对值，是指由两个有联系的指标对比产生的，用以反映客观现象之间数量联系程度的综合指标，其数值表现为相对数，相对数的基本公式：

相对数 = 比较数值(比数) ÷ 基础数值(基数)

在进行分析和比较的时候，我们通常最关注的有两点，一个是环比，一个是同比。

所谓环比，是指该期水平与前一时期水平之比来表明该指标的发展速度，环比的公式：

环比增长率 = (本期数 - 上期数) ÷ 上期数 × 100%

依据时间长短可以有日环比、周环比、月环比和年环比等。

所谓同比，是指本期发展水平与上年同期发展水平对比，同比的公式：

同比增长率 =（本期数 - 同期数）÷ 同期数 ×100%

与环比不同，同比主要是为了消除季节变动、周期性波动的影响，用以说明本期发展水平与去年同期发展水平对比而达到的相对发展速度，所以同比一般情况下是今年第 n 月与去年第 n 月进行比较。

环比和同比反映的虽然都是企业发展的速度，但由于采用的基期不同，所以反映的内涵也是不同的。对于同一个企业来讲，我们通常需要同时考虑企业整体的发展趋势，要把同比与环比放在一起进行对照。

成长能力：最让企业激动的一种能力

在开始本节学习前，我们先快速思考三个关键的小问题。

（1）什么是企业的成长能力？

（2）什么是体现企业成长能力的关键指标？

（3）如何看待企业的成长能力？

我们已经知道了企业发展要经历创业期、成长期、稳定期和衰退期/二次发展期，这个过程和财务报表紧密关联，因此我们要通过财务报表来看企业的成长能力、偿债能力、盈利能力和运营能力这四大能力。

一、什么是企业的成长能力

当我们试图去看企业的成长能力的时候，其实是想看出企业当前所处的状态和未来发展的趋势，也就是看出企业变大变强的潜力。因此，企业的成长能力是指企业通过自身的生产经营活动，不断扩大规模、壮大实力而形成的发展潜能。

企业能否持续健康地发展，取决于多方面因素，既包括外部经营环境，也包括企业的内在资源和能力等。

外在经营环境的变化，例如政府宏观政策的变化、产业的发展周期、消费者的消费特征和产业竞争对手的竞争策略等，都会深刻影响企业的成长能力。

自身的战略方向的调整、经营策略的变化、管理人员的变动、经营活动的变化等，也会深刻影响企业的成长能力。

二、体现企业成长能力的六大核心指标

无论是外部因素还是内部因素，企业的成长状况最终都会通过一些指标体现出来。我们通常会通过企业的损益表和资产负债表相关的一些指标来察看企业的成长能力。

与收入和利润相关的指标主要有营业收入、毛利润、净利润、营业收入增长率、营业收入三年平均增长率、营业利润增长率；与资产和净资产相关的指标主要有总资产、净资产、总资产增长率、资本积累率、资本三年平均增长率。

在这些指标中，净资产在前面的利润表和资产负债表中已经说明过了，而且也可以直接从财务报表上看到，所以这里重点说一下营业收入增长率、营业收入三年平均增长率、营业利润增长率、总资产增长率、资本积累率、资本三年平均增长率这六个相对值的指标。

(1)营业收入增长率，是指企业当年营业收入的增长额与上一年营业收入总额的比率，反映企业营业收入的增减变动情况。其计算公式：

营业收入增长率 = 当年营业收入增长额 ÷ 上一年营业收入总额 × 100%

其中，当年营业收入增长额 = 当年营业收入总额 - 上一年营业收入总额。

当企业的营业收入增长率大于零时，表明企业当年营业收入有正向增长。并且，该指标值越高，表明企业营业收入的增长速度越快，通常来说企业市场前景也会越好。

(2)营业收入三年平均增长率,是指通过企业营业收入连续三年的增长情况,即通过企业当年的营业收入总额与三年前营业收入总额之间的关系,反映企业的持续发展态势和市场扩张能力。其计算公式:

营业收入三年平均增长率 = [(当年营业收入总额 ÷ 三年前营业收入总额)$^{\frac{1}{3}}$ - 1] × 100%

一般情况下,营业收入三年平均增长率是我们在一个更长的周期内观察企业的成长能力,通常该指标值越高,表明企业营业持续增长势头越好,市场成长的能力越强。

(3)营业利润增长率,是指企业当年营业利润增长额与上一年营业利润总额的比率,反映企业营业利润的增减变动情况。其计算公式:

营业利润增长率 = 当年营业利润增长额 ÷ 上一年营业利润总额 × 100%

其中,当年营业利润增长额 = 当年营业利润总额 - 上一年营业利润总额。

类似企业的营业收入,当企业的营业利润增长率大于零,表明企业当年营业利润有正向增长。并且,该指标值越高,表明企业营业利润的增长速度越快,通常来说企业赚钱能力和市场前景也会越好。

(4)总资产增长率,是指企业当年总资产增长额同年初资产总额的比率,反映企业本期资产规模的增长情况。其计算公式:

总资产增长率 = 当年总资产增长额 ÷ 年初资产总额 × 100%

其中,当年总资产增长额 = 年末资产总额 - 年初资产总额。

通常来看,总资产增长率越高,表明企业在一定时期内资产经营规模扩张的速度越快,但是我们同样也要关注到,并不是资产经营规模单纯地扩张就是好事,我们需要同时关注资产规模扩张的质和量,以及企业持续的发展能力,避免盲目扩张投资来增加资产规模。

(5)资本积累率,是指企业当年所有者权益增长额与年初所有者权益的比率,反映企业当年资本的积累能力。其计算公式:

资本积累率 = 当年所有者权益增长额 ÷ 年初所有者权益 × 100%

通常来看，当资本积累率越高的时候，表明企业的资本积累越多，所以企业可以持续发展的能力也会越强。

（6）资本三年平均增长率，是指通过企业资本连续三年的增长情况，在一定程度上反映企业的持续发展水平和发展趋势。其计算公式：

资本三年平均增长率 $= [($年末所有者权益总额 $\div$ 三年前年末所有者权益总额$)^{\frac{1}{3}} - 1] \times 100\%$

同样，资本三年平均增长率是我们在一个更长的周期内观察企业的成长能力，通常该指标值越高，表明企业的资本积累越充分，企业的发展能力也越强。

三、正确看待企业的成长能力

通过以上的指标分析，我们可以看到，企业的成长能力是通过观察企业的资产类和收入类相关的指标进行分析获得的，企业的资产规模或者净资规模越来越大，收入或者净利润越来越多，企业的成长能力就越强，企业经营管理的影响力和企业的赚钱能力也越强。

但是我们在看到企业增长能力的同时，也要明白并不是“增长就是好事”。当企业的资产规模不断扩张，净利润增长却赶不上资产规模扩张的速度，说明企业运营管理能力是有所减弱的。同时，企业的收入增长有时也是以牺牲企业的利润为代价的“薄利多销”。因此我们要分辨这种增长是企业在市场上的竞争力变得更强，消费者更加认可以及企业的市场占有率进一步提升带来的，还是以企业的财务健康受到损害为代价换来的短期盲目增长。

所以，当我们评价企业的成长能力时，一方面我们看到这些指标时不能孤立地只看某一个指标所体现的增长，还要联动多个指标进行分析；另一方面我们要去了解企业指标变动真正的驱动因素，才能判断企业的增长是有质量的增长，还是不健康的增长。

偿债能力:企业生存和发展的底线

在开始本节学习前,我们先快速思考三个关键的小问题。

(1)什么是企业的偿债能力?

(2)体现企业偿债能力的关键指标有哪些?

(3)如何关注企业的偿债能力和企业风险?

上一节介绍了企业的成长能力,成长能力是企业积极向上的一面,但企业的经营过程中不只有阳光的一面。相反地,企业在生存和发展的过程中,风险随时存在,因此我们还要时刻关注企业的风险抵御能力,这时就需要关注企业的偿债能力。

一、什么是企业的偿债能力

偿债能力是指企业用其资产偿还到期债务(包含本金及利息)的能力。企业能否有能力及时偿还到期债务,是企业能否健康生存和发展的关键,也是反映企业财务状况好坏和经营能力强弱的重要标志。企业偿债能力包括短期偿债能力和长期偿债能力两个方面。

短期偿债能力是指企业以流动资产偿还流动负债的能力,反映企业偿付日常到期债务的能力。分析短期偿债能力的衡量指标主要有流动比率、速动比率等。

长期偿债能力是指企业偿还长期负债的能力,主要是看企业资金结构是否合理、稳定,以及企业长期盈利能力的大小。分析长期偿债能力的主要指标有资产负债率、产权比率等。

二、体现企业偿债能力的四大核心指标

1. 流动比率

流动比率指企业流动资产与流动负债的比率,体现的是企业每 1 元流

动负债有多少流动资产作为偿还的保证，反映的是企业用可在短期内转变为现金的流动资产来偿还到期的流动负债的能力，是衡量短期偿债能力的常用比率。其计算公式：

流动比率＝流动资产÷流动负债

通常来讲，流动比率的指标越大，表明公司短期偿债能力越强，债权人的权益越能得到保证。一般依据企业的经营经验，该指标在2左右是较好的状态，原因有以下几点：

①当处在这个状态时，表明企业财务状况相对比较稳定、可靠，企业除了有能够满足日常生产经营的流动资金，还有足够的财力偿付到期短期债务。

②如果企业的流动比率过低，则表示企业可能处在缺乏足够流动资金的危险处境，甚至无法做到如期偿还到期债务。

③流动比率如果过高，说明企业流动资产较多，企业有较多的资金滞留在流动资产上而没能好好加以运用，而且流动资产过高还有可能是存货积压、存在大量应收账款和过度拥有现金等情况，这将影响企业的资金使用效率和筹资成本。

④如果企业的流动比率很高但确实是存货规模太大，周转速度很慢，又或者应收账款多且收账期较长，则实际上是变现能力弱，变现价值低，该企业真实的短期偿债能力要比流动比率指标所反映的弱。

所以企业自身要保持多高水平的流动比率，主要由企业对待风险与收益的态度来决定，而判断流动比率的值是否合理，对于不同企业以及同一企业的不同时期，我们的评价标准也可能有所不同。

以亚马逊（Amazon）公司为例，该公司成立于1994年，是美国最大的一家互联网电商公司，我们可以看到在2017年到2019年的3年时间里，亚马逊的流动比率均高于1，并且基本稳定在1到1.1之间，这说明亚马逊既保持了一定的偿债能力，同时也没有影响资金使用效率。

亚马逊流动比率

项　　目	2017年	2018年	2019年
流动比率	1.04	1.10	1.10

2. 速动比率

除了流动比率，速动比率也通常用来衡量企业的短期偿债能力。速动比率又叫酸性测验比率，是指企业速动资产与流动负债的比率，表示每 1 元流动负债有多少速动资产作为偿还的保证，是进一步反映流动负债保障程度的一个指标。其计算公式：

速动比率 = 速动资产 ÷ 流动负债

其中，速动资产是指在流动资产的基础上，减去变现能力较差且不稳定的存货、待摊费用、待处理流动资产损失等之后的余额，包括货币资金、短期投资和应收账款等。由于已经剔除了前面提到的存货等变现能力较弱的不稳定资产，因此，速动比率相对流动比率而言，能够更加准确和可靠地评价企业资产的流动性以及企业偿还短期负债的能力。所以，速动比率的指标可以看作对流动比率的进一步补充。

因此，速动比率公式的分子又可以演变成：

速动资产 = 货币资金 + 交易性金融资产 + 应收账款 + 应收票据

或

速动资产 = 流动资产 − 存货 − 预付账款 − 一年内到期的非流动资产 − 其他流动资产

如有应收利息、应收股利和其他应收款项目，可视情况归入速动资产项目。

类似于流动比率，一般情况下，速动比率越高，说明企业偿还流动负债的能力越强。一般依据企业的经营经验，该指标在 1 左右是较好的状态，原因有如下几点：

①当处在这个状态时，表明企业财务状况相对比较稳定、可靠。

②如果速动比率小于 1，则企业通常会面临很大的偿债风险，企业甚至需要依赖出售存货或举借新债才能偿还到期债务，这就有可能进一步造成企业因为急需出售存货而带来削价损失或者企业因为要举借新债而形成利息支出，所以这个状态的企业值得我们警惕。

③如果速动比率大于1，虽然企业偿债能力很强，但会因企业现金及应收账款占用过多，而大大增加企业发展的机会成本。

④速动比率包括企业的应收账款，如前面提到的，假如应收账款多且收账期较长，变现能力差，则该企业真实的短期偿债能力要比速动比率指标所反映的弱。当然，我们也不能武断地认为速动比率较低的企业的流动负债到期一定不能偿还。因为即使企业保持较低的速动比率，如果企业的流动比率高，并且存货流转快，变现能力强，那么企业仍然可以很好地偿还到期的债务本息。

为了消除速动比率指标的体现偏差，还有一个保守速动比率。保守速动比率又称超速动比率，是指用现金、短期证券投资、应收票据和应收账款净额之和，再除以流动负债的比值。而由于保守速动比率的计算，不仅扣除存货这一不明确因素，而且还从流动资产中去掉其他一些可能与当前变现无关的以及会影响速动比率可信性的重要因素项目，因此保守速动比率能够更好地评价企业变现能力的强弱和偿债能力的大小。

此外，由于预付账款、待摊费用和其他流动资产等指标的变现能力差或无法变现，所以，如果这些指标的规模过大，那么在运用流动比率和速动比率分析公司短期偿债能力的时候，应该扣除这些项目的影响。

除了这两个常见的指标，现金比率会更严格地反馈企业短期的偿债能力，它是指每1元流动负债有多少现金及现金等价物作为偿还的保证，反映的是企业可用现金及变现方式清偿流动负债的能力。其计算公式：

$$现金比率=(现金+现金等价物)\div 流动负债$$

可以看到这个指标的分子变现能力最强，体现的是企业立即偿还到期债务的能力。

在2017年到2019年的3年时间里，亚马逊的速动比率均小于1，并且维持在0.76到0.86之间。虽然亚马逊的速动比率均小于标准的1，但由于亚马逊是一家电商公司，所以通过电商销售可以保证存货被及时清理，这说明亚马逊还是保持了适度的偿债能力以控制风险。

亚马逊速动比率

项　　目	2017 年	2018 年	2019 年
速动比率	0. 76	0. 85	0. 86

企业除了短期偿债能力值得我们关注,通过资产负债率和产权比率对其长期偿债能力分析,也是一个重要的考量。

3. 资产负债率

资产负债率通常也可以叫作负债比率或举债经营率,是指负债总额与资产总额之比,它是衡量企业长期偿债能力的重要指标。其计算公式:

资产负债率 = 负债总额 ÷ 资产总额 × 100%

一般来讲,资产负债率是用来衡量企业利用债权人提供资金进行经营活动的能力,同时也反映了债权人发放贷款的安全程度。

依据企业的经营经验,企业的资产总额应当大于负债总额,因此企业的资产负债率应小于 100%(如果企业的资产负债率等于甚至大于 100%,说明企业已经资不抵债,债权人为维护自己的利益,是可以向人民法院申请企业破产的);如果企业的资产负债率较低(例如 50% 以下),则说明企业有较好的偿债能力和有良好的负债经营能力;另外,我们看资产负债率的时候,一定要结合行业特征来看,有些行业的负债率普遍偏高,比如房地产开发行业,而有些行业的负债率普遍偏低,比如餐饮行业。

总而言之,企业的经营者总是希望更多地利用负债经营也就是通过财务杠杆获取利益,从而想要更好地提高资产负债率;而企业的债权人则希望企业的资产负债率低一些,因为债权人希望自己权益的安全能够有充分的保障。

在 2017 年到 2019 年的 3 年时间里,亚马逊的资产负债率都保持在 70% 多的水平,但是同时呈现了逐年下降的趋势。同一时期,与亚马逊业务模式类似的京东的资产负债率水平维持在 61% 到 72% 之间,所以可以看到亚马逊没有出现资不抵债这样严重的财务风险,但相对友商也更多地利用了财务杠杆,这 3 年时间里,亚马逊也在逐步降低资产负债率水平以降低风险。

亚马逊资产负债率

单位:%

项　　目	2017 年	2018 年	2019 年
资产负债率	78.9	73.2	72.4

4. 产权比率

另一个衡量企业偿债能力的指标是产权比率,通常也叫作负债对所有者权益的比率,是指企业负债总额与所有者权益总额的比率,它也是衡量企业长期偿债能力的重要指标。其计算公式:

产权比率 = 负债总额 ÷ 所有者权益总额 × 100%

产权比率用来表明债权人提供的资金来源和由投资人提供的资金来源的相对关系,反映的是企业基本财务结构是否足够稳定。

通常来说,所有者提供的资本应该大于借入的资本;同时,这一指标越低,表明企业的长期偿债能力越强,债权人权益的保障程度越高,其承担的风险越小。

亚马逊在 2017 年到 2019 年的 3 年时间里,产权比率均远大于 1,这意味着每自有 100 元资金要承担 263 元到 374 元的债务,对于债权人的权益保障程度较低。

亚马逊产权比率

项　　目	2017 年	2018 年	2019 年
产权比率	3.74	2.73	2.63

三、企业偿债能力和企业风险

当我们关注企业的时候,很有必要通过以上指标去分析企业的偿债能力。但是,在看到这些指标的时候,不能单纯地以数值的大小来衡量企业经营的偿债能力高低和企业风险高低。因为,一方面这些指标包括的科目如存货、应收账款等存在变现能力的不确定性;另一方面企业的偿债能力还取决于企业的经营策略,例如想要短期收入增长可能会扩大应收账款,更多地利用债权人的资金去发展则资产负债率就会升高,所以要综合分析,不能光凭指标下判断。

盈利能力:企业发展的动力所在

在开始本节学习前,我们先快速思考三个关键问题。

(1)什么是企业的盈利能力?

(2)体现企业盈利能力的关键指标有哪些?

(3)如何看待企业的盈利能力?

当我们反复提及企业的时候,其实不得不先说一下“企业”这个词的概念。企业是指以盈利为目的,运用各种生产要素(土地、劳动力、资本、技术和企业家才能等),向市场提供商品或服务,实行自主经营、自负盈亏、独立核算的法人或其他社会经济组织。

可以看到,盈利是企业存在的目的,它才是企业不断向前发展的动力。偿债能力是为了保障安全底线,成长能力让企业不断进步,但归根结底,企业还是要赚钱的,因此我们关注企业的盈利能力,也就显得尤为重要了。

通常来说,盈利能力是指企业获取利润的能力,也就是企业的资金或资本进行增值的能力,它表现为在一定时期内,企业收益数额的多少及其水平的高低。一般来说,企业的利润或者利润率越高,盈利能力就越强,而通过分析利润或者利润率相关的指标,我们可以发现企业在经营管理中存在的问题。

一、体现企业盈利能力的五大核心指标

能够体现企业盈利能力的指标很多,通常有和经营活动相关的营业毛利率、营业利润率和营业净利率等,以及与投资回报相关的总资产收益率、净资产收益率等。

1. 营业毛利率

营业毛利率是指企业的营业毛利额与营业收入之间的比率，其计算公式：

营业毛利率 = 营业毛利额 ÷ 营业收入 ×100%

其中，营业毛利额是指营业收入与营业成本的差，而营业收入公式：

营业收入 = 产品或服务的销售量 × 产品或服务的单价

通俗地讲，营业毛利率用以反映企业每 1 元营业收入中含有多少毛利额，而企业的营业毛利率是企业盈利的基础，因为如果没有足够大的毛利率，企业便不能有足够的钱可以用于各项期间费用，更不能实现盈利。

以阿里巴巴和拼多多为例，阿里巴巴集团成立于 1999 年，是一家涵盖电商等多项业务的集团公司；拼多多成立于 2015 年，同样也是中国领先的电商公司，两家企业分别于 2014 年和 2018 年在美国上市。从两家企业的营业毛利率来看，阿里巴巴 2017 年到 2019 的毛利率从 62. 42% 逐步下滑至 45. 09%，拼多多在 2017 年到 2019 年的营业毛利率逐步从 58. 56% 提升到 78. 97%。可以看到，拼多多的营业毛利率要高于竞争对手阿里巴巴，相对而言有更多的费用操作空间。

阿里巴巴对比拼多多营业毛利率

单位：%

项　　目	2017 年	2018 年	2019 年
阿里巴巴营业毛利率	62. 42	57. 23	45. 09
拼多多营业毛利率	58. 56	77. 86	78. 97

2. 营业利润率

营业利润率是指企业一定时期营业利润与营业收入的比率。其计算公式：

营业利润率 = 营业利润 ÷ 营业收入 ×100%

通常来说，企业的营业利润率越高，表明企业市场竞争力越强，发展潜力越大，那么企业的盈利能力也就越强。

3. 营业净利率

营业净利率是指净利润与营业收入的比率,该指标反映每 1 元营业收入带来的净利润数额,表示营业收入的收益水平。其计算公式:

营业净利率 = 净利润 ÷ 营业收入 × 100%

一般来说,营业净利率反映了企业营业收入创造净利润的能力,可以说营业净利率是企业销售的最终盈利能力指标,营业净利率的比率越高,说明企业的盈利能力越强。

从指标的计算公式可以看出,当一家企业在不断扩大规模、增加营业收入额的同时,必须也要相应地去想办法获得更多净利润,这样才能使营业净利率保持不变或者有所提高;影响营业净利率这个指标的因素较多,主要有商品或服务的质量、商品或服务的成本、商品或服务的价格、商品或服务的销售数量、经营期间的费用及税金等。

因此,通过分析企业的营业净利率的变动,可以看到公司在扩大规模的同时是否对经营管理进行改善,是否同步提高了盈利水平。

从营业净利率来看,阿里巴巴的营业净利率随着营业毛利率的下降也是逐年下降,从 2017 年的 26.05% 下降至 2019 年的 21.29%,但整体是盈利的,并且超出 20% 的盈利能力在电商领域比较领先;与之相比,拼多多 2019 年的营业净利率为负数,是 −23.12%,2018 年的营业净利率曾经低至 −77.87%,这意味着拼多多当前处于亏损阶段。

阿里巴巴对比拼多多营业净利率

单位:%

项　　目	2017 年	2018 年	2019 年
阿里巴巴营业净利率	26.05	24.54	21.29
拼多多营业净利率	−28.96	−77.87	−23.12

4. 总资产收益率

总资产收益率是指净利润和平均资产总额的比率,体现了资产运用效率和资金利用效果之间的关系,可以看到企业盈利的稳定性和持久性。其计算公式：

总资产收益率 =（净利润 ÷ 平均资产总额）×100%

其中：

平均资产总额 =（年初资产总额 + 年末资产总额）÷2

一般来说，总资产收益率水平越高，说明企业综合经营管理水平就越高，并且如果总资产收益率水平持续保持一个较高水平，则说明企业的盈利稳定性和持续性都比较强。

从总资产收益率来看，阿里巴巴 2017 年到 2019 年的总资产收益率在 9.47% 到 10.04% 之间，企业的盈利稳定性和持续性都比较强。拼多多由于在这个阶段亏损，所以总资产收益率也是负的。

阿里巴巴对比拼多多总资产收益率

单位：%

项　　目	2017 年	2018 年	2019 年
阿里巴巴总资产收益率	9.47	10.04	9.54
拼多多总资产收益率	−6.70	−36.17	−11.69

5. 净资产收益率

净资产收益率又叫作权益报酬率、权益利润率、净资产利润率，是企业在一定时期内净利润与净资产的比率，反映了企业自有资金的投资收益水平。其计算公式：

净资产收益率 = 净利润 ÷ 净资产 ×100%

净资产收益率有两种计算方法。

①全面摊薄净资产收益率，其计算公式：

全面摊薄净资产收益率 = 报告期净利润 ÷ 期末净资产

分子是时期值，分母是时点值，说明的是期末单位净资产对经营净利润的分享。

②加权平均净资产收益率，其计算公式为：

加权平均净资产收益率 = 报告期净利润 ÷ 平均净资产

由于分子净利润是由分母净资产提供的,所以说明的是单位净资产创造净利润的一般水平。

一般认为,净资产收益率的值越高,说明企业用自有资本获取收益的能力越强,运营效益越好,对企业投资人、债权人利益的保障程度都越高。

同时,由于净资产收益率反映公司所有者权益的投资回报具有很强的目的性,所以美国的杜邦公司最先采用的杜邦财务分析法,就是以净资产收益率为主线,将公司在某一时期的销售成果以及资产运营全面地联系起来,层层分解并且逐步深入,构成一个完整的分析体系(第七章杜邦分析法中将单独介绍)。

从净资产收益率来看,阿里巴巴的净资产收益率从 2017 年到 2019 年分别是 17.62%、19.85% 和 20.42%,说明企业用自有资本盈利能力越强,对于企业投资人和债权人能有一个比较好的回报。拼多多净资产收益率在当前阶段同样也是负的。

阿里巴巴对比拼多多净资产收益率

单位:%

项　　目	2017 年	2018 年	2019 年
阿里巴巴净资产收益率	17.62	19.85	20.42
拼多多净资产收益率	—	-115.50	-32.06

二、正确认识企业的盈利能力

从整体来看,企业是否盈利、盈利能力大小是企业能力非常核心的考量,我们要从企业产品或服务的销售情况作为起点来综合看待企业的盈利能力,而且要同时关注企业的利润结构和资产结构。

主营业务利润、投资收益和非经常项目收入这三者利润结构的比例是否健康,关系到利润创造的风险、真实性和可持续性。而企业的资产结构对企业的盈利能力也有直接、明显的影响,当企业的资产收益率高于企业借款利息率时,企业负债经营可以提高企业的盈利能力,否则企业负债经营会降低盈利能力。如果企业一味增加资本投入、扩大企业投资规模，而忽视了资本结构是否合理，有可能妨碍企业利润的增长，损害企业的盈利能力。

除此之外，企业的盈利模式也是企业盈利能力的重要考量，一家企业的盈利模式就是企业区别于其他企业赚取利润的途径和方式，这通常也会成为企业的核心竞争力。因此关注企业是否有独特的盈利模式，帮助企业获得远高于竞争对手的超额利润，是我们判断盈利能力的合理性和可持续性的关键。

营运能力：保证企业不断循环运转

在开始本节学习前，我们先快速思考三个关键问题。

(1)什么是企业的营运能力？

(2)体现企业营运能力的指标有哪些？

(3)如何分析企业的营运能力？

企业要生存和发展，自然就要成长，要抵御风险，要盈利。但企业存在的时候，每一分每一秒都是需要企业的管理者对企业进行营运管理的，而企业营运能力的强弱，是对企业的成长、抵御风险和盈利都有显著影响的。分析企业的营运能力，既是分析企业成长能力、偿债能力和盈利能力的基础，也是重要补充。

企业的营运能力又称企业的运营能力，是指企业营运资产的效率与效益，其中企业营运资产的效率主要是指资产的周转速度，而企业营运资产的效益主要是指企业的产出量与资产占用量之间的比率。我们对企业营运能力的分析，其实就是通过对反映企业资产营运效率与效益的指标进行计算与分析，评估出企业资产营运的效率和效益，以及可能存在的问题，从而为企业的健康发展提供参考。

一、体现企业营运能力的六大核心指标

资产的周转速度通常会用周转率或周转天数来表示。

①周转率(周转次数)。周转率是指企业在一定时期内资产的周转额与平均余额的比率,反映企业资产在一定时期的周转次数。其计算公式:

周转率(周转次数)=周转额÷资产平均余额

很显然,当企业的周转次数越多,表明周转速度越快,资产营运能力越强。

②周转天数(周转期)。周转天数是指周转次数的倒数与计算期天数的乘积,反映资产周转一次所需要的天数。其计算公式:

周转天数(周转期)=计算期天数÷周转次数=资产平均余额×计算期天数÷周转额

其中,计算期天数为了计算方便,通常全年按360天计算,全季按90天计算,全月按30天计算。

很显然,周转天数越短,表明周转速度越快,资产运营能力越强。所以,评价企业营运能力的指标有很多,并且大多会和周转率或周转天数相关。

通常来说,营运能力指标有营业周期、应收账款周转率(应收账款周转天数)、存货周转率(存货周转天数)、流动资产周转率(流动资产周转天数)、总资产周转率(总资产周转天数)和资本保值增值率。

1. 营业周期

营业周期是指从外购取得存货承担付款义务,到收回因销售商品或提供劳务而产生的应收账款的这段时间。营业周期的长短,取决于存货周转天数和应收账款周转天数。其计算公式:

营业周期=存货周转天数+应收账款周转天数

由于营业周期是把存货周转天数和应收账款周转天数加在一起计算出来的,所以是指企业需要多长时间才能将期末存货全部变为现金。一般情况下,营业周期越短,说明企业的资金周转速度越快,管理效率越高,资产的流动性越强,资产的风险越会降低;相反地,如果企业的营业周期长,说明资

金周转速度慢,管理效率低,资产的风险上升。所以,营业周期的长短是决定公司流动资产实际需要量的关键因素,较短的营业周期表明对应收账款和存货的有效管理,所以企业的营业周期与偿债能力的流动比率是紧密相关的。

2. 应收账款周转率

应收账款周转率(应收账款周转次数)是指企业一定时期营业收入与平均应收账款余额的比率,反映企业应收账款变现速度的快慢和管理效率的高低。其计算公式:

应收账款周转率(应收账款周转次数)= 营业收入 ÷ 平均应收账款

其中:

平均应收账款 =(应收账款余额年初数 + 应收账款余额年末数)÷2

应收账款周转天数(应收账款周转期)= 平均应收账款×360 ÷ 营业收入

一般情况下,应收账款周转率越高,表示企业收账快,账龄短,资产流动性强,短期偿债能力强,还可以减少坏账损失等。所以,应收账款周转率很好地反映出企业应收账款变现的速度和管理应收账款方面的效率。同时,由于企业可以快速回收资金,不仅可以节约资金,也说明企业信用状况较好。

3. 存货周转率

存货周转率(存货周转次数)是指企业在一定时期营业成本与平均存货余额的比率,反映在一定时期内存货占用资金可周转的次数,或存货每周转一次所需要的天数。其计算公式:

存货周转率(存货周转次数)= 营业成本 ÷ 平均存货

其中:

平均存货 =(存货余额年初数 + 存货余额年末数)÷2

存货周转天数(存货周转期)= 平均存货×360 ÷ 营业成本

一般情况下,存货周转率越高,表明存货变现的速度越快,资金占用水平越低。由于存货是流动资产中的重要组成部分,因此存货的流动性,将直接影响企业的流动比率。

4. 流动资产周转率

流动资产周转率(流动资产周转次数)是指企业一定时期营业收入与平均流动资产的比率。其计算公式:

流动资产周转率(流动资产周转次数)= 营业收入 ÷ 平均流动资产

其中:

平均流动资产 =(流动资产总额年初数 + 流动资产总额年末数)÷2

流动资产周转天数(流动资产周转期)= 平均流动资产 ×360 ÷ 营业收入

一般情况下,流动资产周转率越高,表明企业的流动资产利用效果越好。

5. 总资产周转率

总资产周转率(总资产周转次数)是指企业在一定时期营业收入与平均资产的比值。其计算公式:

总资产周转率(总资产周转次数)= 营业收入 ÷ 平均资产

其中:

平均资产 =(资产总额年初数 + 资产总额年末数)÷2

总资产周转天数(总资产周转期)= 平均资产 ×360 ÷ 营业收入

一般情况下,总资产周转率越高,表明企业全部资产的使用效果越好。

6. 资本保值增值率

资本保值增值率是指年末所有者权益与年初所有者权益的比值,反映了企业资本的营运效益与安全状况。其计算公式:

资本保值增值率 =(年末所有者权益 ÷ 年初所有者权益)×100%

可以看到,资本保值增值率越高,说明企业资本保全状况越好,所有者权益增长越快,债权人的权益越有保障,企业发展后劲越强。因为资本保值增值率是根据资本保全原则设计的,反映企业资本的保全和增值情况,所以它能充分体现对所有者权益的保障,并帮助我们及时、有效地发现所有者权益减少的现象。

二、正确认识企业的营运能力

当我们谈到企业的营运能力的时候，本质上就是希望能够以尽可能少的资产占用、尽可能短的时间周转、尽可能多的生产产品或提供服务，实现尽可能多的营业收入，并且让其尽可能变成纯收入。

企业营运过程中，也是一个现金不断循环的过程，而现金循环周期是指企业在经营中，从付出现金至收到现金所需的平均时间。其计算公式：

现金循环周期 = 应收账款周转天数 + 存货周转天数 - 应付账款周转天数

比营业周期多了一个应付账款周转天数。

现金循环周期决定企业资金使用效率非常关键，依据经验优秀企业的现金循环周期能够比一般企业少 40 ~ 65 天，而这需要企业努力提升营运去缩短营业周期，降低存货周转天数和流动资产周转天数。

市值：企业价值的最好体现

在开始本节学习前，先快速思考三个关键问题。

(1) 上市企业的关键能力是什么关系?

(2) 与企业市值相关的关键指标是什么?

(3) 如何看待企业的市值?

通过前面的学习，我们已经知道了看公司的发展要看成长能力，看公司的安全底线要看偿债能力，看公司的赚钱水平要看盈利能力，看公司的效率和效益要看营运能力。

而当一家公司度过了创业期和成长期早期，开始进入成长期后期和稳定期的阶段，这时候企业的经营风险相对较小、成长稳定、盈利较强、营运效率高，企业只需要用钱就可以使用我们前面提到的方法，成为上市公司，向市场公开募集资金。而这样一来，一方面企业自身可以更便捷地融到促进自己发展所需要的资金，而另一方面进行投资的投资者也能以较低的风险去享受企业成长的红利。

一、上市企业的五大关键指标

作为一家上市企业，我们除了关心它的成长能力、偿债能力、盈利能力和营运能力之外，还会关心作为上市企业而特有的一些指标，比如股价、市值、每股收益、每股股利、市盈率等。

1. 股价

股价是指企业在募集资金发行的股票的交易价格。由于股票市场是一个波动的市场，股票市场价格也是不断波动的，所以会有开盘价、收盘价、最高价和最低价。

开盘价又叫开市价，是指在证券交易所每个交易日开市后的第一笔交易所开出的证券价格。

收盘价又叫收市价，是指证券交易所每个交易日闭市前的最后一笔交易所开出的证券价格。

最高价指在每个交易日从开市到收市的交易过程中所产生的最高价格。

最低价指在每个交易日从开市到收市的交易过程中所产生的最低价格。

其中，收市价是最重要的，也是研究分析股市以及股票市场行情图表采用的基本数据。通常来说，股票的价格主要取决于预期股息的多少、银行利息率的高低以及股票市场的供求关系。

2. 市值

市值是指一家上市企业的发行股票按市场价格计算出来的股票总价值，而市值的增长通常是衡量该企业经营状况的关键指标，其计算公式：

企业市值 = 每股股票的市场价格 × 发行总股数

例如，某家企业发行了 1 亿股的股票，其中每股股票的市场价值为 20 元，那么企业的总市值为 20 亿元。

企业的市值与股价是密切相关的，股票的市值由股票的价格乘以总股本构成，当股价上涨，那么企业的市值对应的也会上涨；股价下跌，企业的市值对应的也会缩水；另一方面，当公司增发新股的时候，企业的市值也会增加。

3. 每股收益

每股收益也叫每股利润或每股盈余，是指企业普通股东持有每一股份所能享有的企业利润或承担的企业亏损，它是衡量上市公司盈利能力的重要财务指标和业绩评价指标。

每股收益的计算包括基本每股收益和稀释每股收益。

基本每股收益，是指企业应当按照属于普通股股东的当期净利润，除以发行在外普通股的加权平均数从而计算出的每股收益。基本每股收益的计算公式：

基本每股收益＝归属于普通股东的当期净利润÷当期发行在外普通股的加权平均数

其中：

当期发行在外普通股的加权平均数＝期初发行在外普通股股数＋当期新发行普通股股数×已发行时间÷报告期时间－当期回购普通股股数×已回购时间÷报告期时间

已发行时间、报告期时间和已回购时间一般会按天数进行计算，但是在不影响计算结果的前提下，也可以按月份来简化计算。

稀释每股收益，是在考虑潜在普通股稀释性影响的基础上，对基本每股收益的分子、分母进行调整后再计算的每股收益。具体来看，稀释每股收益是以基本每股收益为基础，假设企业所有发行在外的稀释性潜在普通股均已转换为普通股，从而分别调整归属于普通股股东的当期净利润以及发行在外普通股的加权平均数计算而得的每股收益。目前，我国企业发行的潜在普通股主要有可转换公司债券、认股权证、股份期权等。稀释每股收益的计算公式：

稀释每股收益＝（净利润＋假设转换时增加的净利润）÷（发行在外普通股加权平均数＋假设转换所增加的普通股股数加权平均数）

综合来看，每股收益能反映普通股每股的盈利能力，每股收益越高，表明公司的盈利能力越强。影响该指标的因素主要有两个方面,一是企业的盈利水平,二是企业的股利发放政策。

4. 每股股利

每股股利是指上市公司本年发放的普通股现金股利总额与年末普通股总数的比值,反映上市公司当期利润的积累和分配情况。其计算公式:

每股股利 = 普通股现金股利总额 ÷ 年末普通股总数

每股股利是用来反映上市企业每一普通股获得股利多少的一个指标,每股股利的指标值越大,表明企业的盈利能力越强。影响每股股利的因素,主要是企业股利发放政策与利润分配政策的影响,因为如果企业为了扩大再生产、增强企业未来发展后劲而更多地“留利”,那么每股股利就会减少,反之,则会增多。

5. 市盈率

市盈率是指上市公司普通股每股市价与每股收益的比率,反映的是投资者对上市公司每股净利润愿意支付的价格,可以用来估计股票的投资报酬和风险。其计算公式:

市盈率 = 普通股每股市价 ÷ 普通股每股收益

一般来说,市盈率高,说明股票的投资者对该企业的发展前景看好,对公司未来的发展充满信心,愿意出较高的价格购买该公司股票,即为每 1 元盈余多付出买价。但是,也不是说市盈率越高就越好,因为某个企业的股票的市盈率过高,也可能意味着这种股票具有较高的投资风险。

通常来说,企业的市盈率在 5 ~ 20 之间是正常的,这个区间内企业的市盈率越高,说明投资者的信心越强;当股市受到不正常的因素干扰时,某些企业的股票也有可能被哄抬到不应有的高度,这时该企业的市盈率会过高,通常我们认为超过 20 的市盈率是不正常的,甚至很有可能是股价即将下跌的前兆,投资者的投资风险较大;当企业股票的市盈率太低,则表明投资者对公司的前景缺乏信心,不愿为每 1 元盈余多付出买价,当企业股票的市盈率在 5 以下,说明市场上普遍认为企业的前景黯淡,持有这种股票的风险较大。

当然,不同行业的股票市盈率是不同的,而且市盈率也会时常因内外部环境而发生变化:当人们预期将发生通货膨胀或即将提高利率时,股票市盈率会普遍下降;当人们预期公司的利润将增长时,市盈率通常会上升;此外,债务负担比较大的企业,其股票的市盈率通常较低。

二、上市企业的市值管理

从整体上看,企业的市值是衡量企业非常重要的指标,因此企业的市值管理也尤为重要。所谓市值管理,是指上市公司基于公司的市值信号,综合运用多种科学、合规的价值经营方式和手段,以达到公司价值创造最大化、价值实现最优化的一种战略管理行为。其中,价值创造是市值管理的基础,价值经营是市值管理的关键,价值实现是市值管理的目的。

市值管理的由来是因为很多上市公司的市值并没有能够很好地体现该公司的行业地位和盈利情况,因此企业试图通过市值管理提升市场对于企业的"定价"。但是,另一方面,也有一些企业会利用资本操作再加上"讲故事""炒概念"的方式,试图提升股价,这样的行为也是值得投资者谨慎的。

从单一指标看,市盈率作为上市公司非常重要的监测指标,我们还要基于企业的大小盘来判断。

一般来说,流通股本在 1 亿元以上的个股,会被称为大盘股;流通股本在 5 000 万元到 1 亿元的个股,则会被称为中盘股;流通股本不到 5 000 万元的个股,则会被称为小盘股。

通常来说,相同业绩的个股,小盘股的市盈率会比中盘股高,中盘股的市盈率会比大盘股高。因此,监测市盈率指标还要考虑企业的股本规模。

杜邦分析法:用一个指标看透企业的基本面

在开始本节学习前,先快速思考三个关键问题。

(1)什么是杜邦分析法?

(2)杜邦分析法的基本思路或拆解逻辑是什么?

(3)如何运用杜邦分析法?

企业的关键能力包括成长能力、偿债能力、盈利能力和营运能力在内的一些关键指标,作为上市公司我们要看一些上市公司的指标。那么,有没有一种方法,可以综合地帮助我们分析企业的能力呢?

答案是:有。

一、杜邦分析法的基本思路

杜邦分析法,最早由美国杜邦公司使用,故取名杜邦分析法,是指以净资产收益率为核心的财务指标,通过财务指标的内在联系逐级分解为多项财务比率乘积,从而能够系统、综合地分析企业的财务状况,具有很鲜明的层次结构,是非常典型的利用财务指标之间的关系,对企业财务进行综合分析的方法。

杜邦分析法的基本思路主要包括四个方面。

(1)选定净资产收益率这个综合性极强的财务分析指标,当作杜邦分析系统的核心指标,并且首先要将净资产收益率拆分为总资产收益率和权益乘数的乘积。

(2)总资产收益率是影响净资产收益率最重要的指标,它同样具有很强的综合性,我们可以把总资产收益率进一步拆解到销售净利率和总资产周转率。销售净利率反映的是企业销售收入的收益水平,企业提高销售净利率的根本办法是扩大销售收入,降低成本费用;而企业的总资产周转率反映总资产的周转速度,我们通过对资产周转率的分析,可以对影响资产周转的各因素进行分析,判断影响公司资产周转的主要问题在哪里,所以我们也要分析流动资产周转率、存货周转率、应收账款周转率等有关资产使用效率指标;当然两者也不是毫不相关的,因为扩大销售,也是提高资产周转率的必要条件和途径。

(3)权益乘数用来表示企业的负债程度,反映了企业利用财务杠杆进行经营活动的程度。企业的资产负债率高,权益乘数就大,说明企业负债程度高,公司预期会有较多的杠杆利益,但风险也会更高;反之,资产负债率低,企业的权益乘数就小,说明企业负债程度低,企业会有较少的杠杆利益,但相应承担的风险也低，所以我们也要分析资产负债率、流动比率、速比率等指标。

(4)净资产收益率变成了由销售净利率、总资产周转率和权益乘数共同来决定的综合指标，这样一来，企业的盈利能力、营运能力和偿债能力都可以通过杜邦分析法体现出来。

根据杜邦分析法的基本思路，可以得到以下财务指标的关系和公式。

(1)净资产收益率＝总资产收益率×权益乘数。

(2)因为，总资产收益率＝净利润÷总资产，并且进一步拆分，销售净利率＝净利润÷营业总收入，总资产周转率＝营业总收入÷总资产，所以，总资产收益率＝销售净利率×总资产周转率。

(3)权益乘数＝总资产÷股东权益。

(4)综合来看，净资产收益率＝销售净利率×总资产周转率×权益乘数。

①销售净利率：体现了产品或业务的盈利能力，在进行企业分析的时候可以对单独的产品进行确认，也可以按产品线来确认销售净利率，判断产品的关停并转。

②总资产周转率：反映当前企业的资产管理的效率，从而进行管理提升。

③权益乘数(财务杠杆)：反映公司利用财务融资对所有者投资回报的促进作用如何，从而进行企业财务杠杆的策略调整。

杜邦分析法的分析模型可以把企业的经营业绩通过销售回报、资产回报和财务杠杆调节共同体现，可以给企业管理提供很好的思路，而且如果能和行业数据进行比较，可以很好地定位公司在行业中的地位。

二、杜邦分析法的局限

杜邦分析法采用的是对价值树进行层层分解的方法，所以分析逻辑性较强，而且它包括的指标比较全面，可以给管理层一张整体全景图，并且也有了实现经营改进的路线图。但是，杜邦分析法也有它的局限性，需要在使用时特别注意,主要是以下四个方面。

(1)由于净资产收益率是一个短期指标,只看到了短期一年的财务收益情况,而没有体现长期投资对于公司的长期盈利能力的促进作用,这样有可能会让企业那些拥有的长期投资,并且需要在一段较长时间内体现经济价值的业务或投资体现不出来,从而做出牺牲长期、维护短期利益的短视行为。

(2)净资产收益率体现的是企业的所有者权益的回报,并没有体现企业的市场价值。当企业的净资产回报率和市场价值表现的不一致时,企业的市场价值体现才是这家企业真正价值的体现,是投资者对于企业价值的认同,虽然净资产收益率的表现能够影响公司价值的市场表现,但两者并不相等。

(3)净资产收益率对于公司为获得收益所承担的风险反映不足,并且无法衡量在公司获得以上财务回报的过程中所承担的现实风险和潜在风险有多大,若一味忽视风险的存在可能造成企业面临较大的危机。

(4)互联网时代,用户、供应商、员工、合作伙伴、技术创新、无形资产等因素对企业经营业绩的影响越来越大,甚至对提高企业长期的核心竞争力至关重要,但杜邦分析法在这些方面并不体现,同样可能会因此而忽视了企业发展的关键要素。

三、从"茅五洋"看杜邦分析法的应用

具体地,我们可以用杜邦分析法对比观测"茅五洋"三家企业的经营情况。

1. 净资产收益率

我们先来看净资产收益率,这是一个比较综合的指标,它是杜邦分析法的核心,不仅体现的是股东投入资金以后的盈利能力,同时也体现了资产管理的效率和财务杠杆的情况。"茅五洋"净资产收益率见下表。

“茅五洋”净资产收益率

单位:%

项　　目	2015 年	2016 年	2017 年	2018 年	2019 年
贵州茅台净资产收益率	26. 4	24. 4	33	34. 5	33. 1
五粮液净资产收益率	14. 9	15	19. 3	22. 9	25. 3
洋河股份净资产收益率	25. 2	23. 8	23. 9	25. 7	21

通过以上表格我们可以看到,贵州茅台的净资产收益率从 2015 年到 2019 年呈现上升趋势,2015 年只有 26. 4%,到 2019 年上升到了 33. 1%,可以说经济效益有了非常明显的提升。同时与五粮液和洋河股份对比发现,贵州茅台的净资产收益率要高于另外两家企业,五粮液在 2015 年到 2019 年有明显的上升,洋河股份有所下降,但都没有达到贵州茅台的水平。

2. 权益乘数

从权益乘数可以看出企业的筹资情况。贵州茅台从 2015 年到 2019 年权益乘数有所波动,但整体还是上升的,说明股东投入的资本在资产中所占比重整体还是上涨的。五粮液的权益乘数也是上升的,洋河股份的权益乘数基本保持稳定。

“茅五洋”权益乘数

项　　目	2015 年	2016 年	2017 年	2018 年	2019 年
贵州茅台权益乘数	1. 22	1. 36	1. 41	1. 34	1. 29
五粮液权益乘数	1. 15	1. 22	1. 27	1. 28	1. 33
洋河股份权益乘数	1. 47	1. 49	1. 48	1. 47	1. 47

3. 总资产周转率

从总资产周转率可以看出企业资产的利用效率。贵州茅台的总资产周转率从 2015 年的 0. 43 次/年提升到了 2019 年的 0. 5 次/年,说明企业的资产周转速度有所上升,企业的资产管理能力和盈利能力在不断加强。五粮液的总资产周转率也是有所上升的,并且略高于贵州茅台,说明五粮液在总资产周转率的表现上优于贵州茅台。洋河股份的总资产周转率在这些年有所下滑。

“茅五洋”总资产周转率

单位:次/年

项　　目	2015 年	2016 年	2017 年	2018 年	2019 年
贵州茅台总资产周转率	0.43	0.39	0.47	0.5	0.5
五粮液总资产周转率	0.44	0.43	0.45	0.51	0.52
洋河股份总资产周转率	0.51	0.47	0.49	0.52	0.45

4. 销售净利率

销售净利率用来反映企业净利润和收入之间的关系。我们知道白酒行业的销售净利率普遍比较高,在这样的企业情况下,贵州茅台的销售净利率远高于五粮液和洋河股份,基本维持在 50%,从 2015 年到 2019 年销售净利率还有所上升。五粮液的销售净利率虽然不像洋河股份那样有所下降,而是不断上升,但远没有达到贵州茅台的销售净利率水平。

“茅五洋”销售净利率

单位:%

项　　目	2015 年	2016 年	2017 年	2018 年	2019 年
贵州茅台销售净利率	50.4	46.1	49.8	51.4	51.5
五粮液销售净利率	29.6	28.8	33.4	35.1	36.4
洋河股份销售净利率	33.4	33.8	33.2	33.6	31.9

5. 综合评价

综合以上分析,我们可以看到,贵州茅台的净资产收益率处于行业龙头地位,并且还在不断进步,而且从权益乘数、总资产周转率和销售净利率来看也是整体表现良好,指标均处于上升趋势,并且基本优于主要竞争对手,所以贵州茅台是当之无愧的白酒市场龙头股。

以上就是杜邦分析法的思路和使用方法,可以看到它能从整体上为企业经营管理和投资决策提供判断依据,但同时也要注意这个方法的适用性和局限性。

如何正确评估企业的能力

在开始本节学习前，先快速思考下面两个关键问题。

(1)如何看待一家企业的发展阶段和能力的关系？

(2)为什么说不能过度依赖企业能力的分析指标？

在学习完企业的能力分析后，让我们复盘一下本章的主要内容。

一、一个公式复盘本章内容

如果要用一个公式来记住本章内容的话，可以说是 $4 = 4 \times 1 \times 1$。

(1)“4”——任何企业的发展都脱离不了四大阶段，即创业期、成长期、稳定期和衰退期(二次发展期)。而处在这 4 个发展阶段，企业的资源能力、业务经营、核心竞争力和财务表现通常都会大不相同，因此企业获取“钱”的方式也大不相同，上市公司可以通过公开募集的方式获取资金，中小企业则要依赖机构进行融资。

(2)“4”——分析企业的四大能力，即企业在发展过程中，可以用成长能力、偿债能力、盈利能力和营运能力来评估。成长能力主要看收入和资产类指标增长的趋势；偿债能力主要看企业负债在资产中的比率来判断企业的经营风险；盈利能力则是看收入到利润的漏斗变化以及资产盈利的效率；营运能力则主要关注企业资产的周转情况是不是足够快。

(3)“1”——一套上市公司指标，如果企业成功上市，成为明星公司，还要关注企业的股价、市值，以及和盈利相关的每股收益、每股股利、市盈率，看看一家企业在公众投资人眼中的地位。

(4)“1”——一个分析方法，杜邦分析法是一种我们可以综合性看待企业能力的分析方法，它以净资产利润率为核心，分析销售净利率、总资产周转率和权益乘数的变化，从而呈现企业经营的全景图和实现经营改进的路线图。

通过学习，我们可以看到这样一个共同点：无论是企业的四大关键能力指标，还是上市公司的指标，抑或是杜邦分析法，所采用的指标都是在 4 张财务报表作为“素材”的基础上，根据企业能力分析的需要，通过公式运算而得到的。

二、企业的发展阶段和能力的关系

通过指标得到企业的发展能力，再结合财务报表直接、客观呈现的财务内容，就可以判断企业所处的发展阶段，从而对企业的未来发展进行合理分析和预测。

(1)要找到合理的对照依据。前面提到过，上市公司通常处在成长期的后期或者稳定期，因此它的四大能力指标、上市公司指标和杜邦分析法的分析结果，通常呈现出比较好的趋势，在行业里是处于领先地位的。因此，在某个行业选定几个市场占有率较高的上市公司，相当于找到这个领域企业稳定期所具备能力的标杆，找到了比较合理的参照物。

(2)基于这几个标杆企业的四大能力指标、上市公司指标和杜邦分析法的分析结果的数值，可以得到在该行业领域，一家市场表现优秀、经营能力突出的企业通常的业绩表现和所具备的能力区间，也就可以以此结果作为企业能力优劣评判的重要参考。

(3)拿着想要分析的企业的四张财务报表和关键财务指标，与这几家上市企业的指标数值进行比较，看看要分析的这家企业的值是否落在这个区间内，从而对企业的当前发展状态和未来发展潜力给出判断。

三、避免过度依赖企业能力的分析指标

当然，我们不能过度依赖企业能力的分析指标，因为企业能力指标的分析，通常还存在以下三点问题。

(1)指标自身是没有标准答案的。例如，我们在学习企业偿债能力的时候，一般我们会认为公司的流动比率大于 2，速动比率大于 1，资产负债率低于 50% 是企业比较合理的状态，说明该公司偿债能力较强。但这只是一

种模糊标准，而且其中应收账款和存货的偿债能力也不是一成不变的，更何况这是以一种静态的标准在看企业的偿债能力，忽视了企业通过经营和融资优化提升偿债能力的可能。

（2）指标作为数字，不能完全体现企业的实际经营情况。同样的数字，可能企业背后面临的经营情况却天差地别，比如同样是企业的应收账款较高，有的企业的应收账款可能只是刚刚发生，有的企业的应收账款可能是长期逾期甚至收不回来，其偿债能力根本不可同日而语。

（3）由于上市企业的经营者知道所有投资者都会审视企业的财务指标，因此难免会有企业动了歪心思，对财务指标进行美化，这样会导致我们在看企业的指标标准时，标准本身就有偏差，因此对于其他企业的优劣判断有可能一开始就是错的。

当然，四张财务报表、四大能力指标、上市公司指标和杜邦分析法，还是给我们提供了非常好的观察企业的视角和依据，可以在我们进行投资管理、企业经营管理、职场生存甚至个人管理上提供非常大的参考价值。

第八章

个人投资者看财报——股市投资的测试仪

不只赚钱，还要持续赚钱

在开始本节学习前，先快速思考三个关键问题。

(1)为什么投资者需要特别关注财务报表？

(2)投资机构和个人投资者的区别？

(3)个人投资者如何修炼自己的内心？

前面我们已经介绍了财务四张报表的主要内容，也把四张报表的内在关系捋清楚了，并且搞明白了怎么看上市企业的财务报告，以及四张报表衍生出来的财务分析指标的作用。接下来，我们将从不同的“用户”视角，看看财务报表的应用。

财务人员和税务人员都是财务报表的直接用户，作为从业者，他们可以从财务报表的学习和使用中，完成岗位所要求的工作任务，从而获取回报；但是财务报表并不只是财务人员和税务人员的专享，其实至少还有四类人需要深刻理解财务报表。

- 投资者不能不懂财务报表，否则无异于拿钱赌博。
- 企业管理者不能不懂财务报表，否则无异于蒙眼指挥。
- 职场员工不能不懂财务报表，否则无异于大海漫游。
- 个人生活者不能不懂财务报表，否则无异于管中窥豹。

本章就先来看看投资者为什么不能不懂财务报表。

一、投资人应关注财务报表

沃伦·巴菲特作为全球顶尖的投资人，曾被美国《福布斯》杂志评为世界首富，他曾经说过：我们所有投资的受益都来自对企业财务数字的深度分析，企业家都要懂得财务报表，懂得财务管理。

那么，巴菲特为什么认为自己的全部投资回报，都来自财务分析呢？

事实上，任何一项投资行为背后，一定是对投资的收益性、安全性、流通性的通盘考量。

- 收益性是指要让自己投入的资本保值增值，即每投入一块钱能带来的回报不断增加，而且回报越高越好。
- 安全性是指在投资行为下本金和收益损失可能面临的风险识别，以及如何合理地规避风险。
- 流通性是指回收本金和收益时速度的快与慢，毕竟金钱是有时间价值的。

投资者要想从所投资的企业获取这些结论的关键信息，就必须阅读该企业的财务报表。

因此，作为投资者，需要通过财务报表了解企业的财务状况和经营情况，从而对投资企业的收益性、安全性和流通性有更全面的认识，以便做出正确决策。

二、投资机构和个人投资者的区别

从广义上看，投资人有投资机构和个人投资者之分，这也决定了不同主体对财务报表的应用是不同的。

投资机构是指用自有资金或者从分散的公众手中筹集的资金专门进行投资活动的法人机构，常见的投资机构基于企业不同的发展，主要包括上市前的投资机构如天使投资人（Angel）、风险投资（Venture Capital，VC）、私募基金（Private Equity，PE）和投资银行（Investment Banking，IB），以及企业上市后投资的金融机构，具体包括银行、保险公司、投资信托公司、信用合作社、退休基金（国家或团体设立）等。

个人投资者是指以自然人身份从事股票买卖的投资者，由于是个体行为，所以个人投资者无论投入资金多少，都常常会被称为“散户”。

之所以要区分投资机构和个人投资者，是因为个人投资者有着不同于投资机构的特征。

（1）信息来源和信息量不同。投资机构通常具有广泛的信息渠道，可以通过线上资讯、线下沟通、外部调研等多种方式了解被投企业的情况；个人通常信息来源单一，而且缺乏足够的时间和精力去搜集信息、分析行情、判断走势，所以，也容易因为缺少足够的数据去分析上市企业经营情况而出现投资失败的情况。

（2）专业度和投入度不同。投资机构在信息搜集分析、上市企业研究、投资理财方式、投资决策运作等方面形成了专业化的团队运作；而个人投资者绝大部分都是小户投资者，其研究能力通常远远弱于投资机构，并且很多个人投资者只是工作之余进行投资，所以投入度也很有限。

（3）投资策略和实力不同。投资机构拥有较为雄厚的资金实力，投资规模更大，投资周期相对较长，而且投资比较有耐心。比如红杉资本的沈南鹏提出了“赛道理论”，看中的就是在市场需求快速发展下的某个大行业暴发式增长的机会，而不是只盯着某一个“赛车手”的企业，所以更多的时候，投资机构会去建立有效的投资组合，甚至进行对冲设定，而不是有什么“先见之明”押宝某一家企业，通过这样的方式，投资机构既保证了收益也降低了风险；而个人投资者由于资金有限，无法广泛撒网，而且风险承受能力弱，对流通性要求高，所以常常在价值投资和股市消息之间徘徊，股价的波动也更易引发短视的交易行为。

三、个人投资者贵在“修心”

作为个人投资者，一方面要非常重视财务报表在投资判断中的参考价值，另一方面要深刻认识到自己和投资机构的差距，好好修炼自己的内心。

(1)警惕心。认清风险和收益的关系,避免犯低级错误。投资本来就存在风险,并且由于资本市场仍然存在上市企业造假的不良现象,个人对于企业通过造假而描绘的美好蓝图要有较强的警惕性;同时,作为普通散户,不要轻易相信所谓的内幕交易,要知道你作为个人投资者,就是要接受天然的信息差,因而需要在研究上多下功夫。

(2)持久心。坚持股价高波动下的价值投资。通常企业的市场价格偏离价值的幅度会很大,而且偏离的时间经常也会很长,这时候价值投资的长期指导思想就非常关键,能帮助个人形成面对股价短期波动的定力。

(3)认真心。以财务报表为切入点深入研究企业。由于个人信息不足、专业性差、抗风险能力不强,所以需要比投资机构更加聚焦有限的行业和企业,通过财务报表对企业进行全面、深入的研究,直到形成对企业商业价值的独立判断力,从而形成合理且长期有保障的收益。

当然,投资是一种收益与风险并存的行为,内心的修炼能帮助我们更好地投资,虽然不可能杜绝风险,但是通过了解上市企业的造假手段,是可以有效地避开那些明显有问题的上市企业的,这样也能实实在在降低投资风险。

上市企业常见的违规操作

在开始本节学习前,先快速思考三个关键问题。

(1)上市企业为什么要在财务上造假?

(2)常见的财务造假方式有哪些?

(3)个人投资者对待财务造假的企业的基本策略是什么?

一、上市企业为什么要造假

如果我们把企业按照经营业绩好坏、是否如实呈现经营业绩去划分,可以得到四类:

第一类:经营业绩好,如实呈现经营业绩的企业。

第二类:经营业绩好,粉饰经营业绩的企业。

第三类:经营业绩差,粉饰经营业绩的企业。

第四类:经营业绩差,如实呈现经营业绩的企业。

个人投资者在投资时,可以发现这四类企业在资本市场中同时存在:第一类和第四类通常我们可以直接从企业的财务报表中读出企业的情况,第二类企业通常不常见(毕竟造假也是有成本和风险的),真正要引起我们担忧的是第三类企业,即本身经营业绩差,但是希望通过粉饰经营业绩,美化财务方式,让大家觉得企业的经营业绩很好。

那么,为什么总有一些企业想要粉饰自己的经营业绩呢?

答案很简单,这些企业造假的目的就是为了"钱"。

(1)上市企业造假,粉饰业绩,给外界一种企业发展蒸蒸日上的感觉。

(2)公众期望值升高,带动该企业的股价上涨。

(3)企业对外增发或配股,从而拿到大量资金。

(4)企业将拿来的钱进行产业运营或者资本投资,进行洗白操作。

说到通过造假获利,近年来影响力最大的案例莫过于某幸咖啡了。该连锁企业一开始就被包装成了一个飞速成长的企业。

2017 年 10 月,该咖啡连锁企业第一家门店在银河 SOHO 开业。

2018 年 7 月,宣布完成 2 亿美元 A 轮融资,投后估值 10 亿美元。

2018 年 12 月,宣布完成 2 亿美元 B 轮融资,投后估值 22 亿美元。

2019 年 4 月,该企业获得 1.5 亿美元的新投资,其中贝莱德(BlackRock)所管理的私募基金投资 1.25 亿美元,该咖啡连锁企业投后估值 29 亿美元。

2019 年 5 月 17 日,该企业登陆美国纳斯达克,交易代码为"LK",融资 6.95 亿美元,其首次公开募股共发行 3 300 万股美国存托凭证(ADS),每股定价 17 美元,共募集资金 5.61 亿美元,据该企业表示所筹的资金将主要用于店面扩张、吸纳顾客、研发以及营销等方面,此时公司市值约 42 亿美元。

截至 2019 年底,该企业宣称直营门店数达到 4 507 家,交易用户数突破 4 000 万人,App 持续霸屏 App Store 美食佳饮排行榜首超过 200 天。在

2020 年 1 月 9 日(美国东部时间)收盘,该企业股价上涨 12.44%,报 44.37 美元,收盘市值 106.49 亿美元,成功突破百亿美元的市值大关。

我们可以看到,该企业在 2017 年成立到 2020 年初这短短不到 3 年的时间就在美股上市,并且一举成为市值超过百亿美元的上市公司,在资本市场上获取了大量融资。

但是,该企业在资本市场上取得的这一切成就,不是来自业务的真实增长,它其实是我们所描述的第三类型企业。

2020 年 1 月 31 日,知名做空机构浑水调研公司声称收到了一份长达 89 页的匿名做空报告,直指该企业的数据存在造假。

2020 年 4 月 2 日,因虚假交易额 22 亿元人民币,该企业盘前暴跌 85%。

2020 年 5 月 19 日,该咖啡连锁企业发布公告称,收到纳斯达克交易所通知,要求从纳斯达克退市。

2020 年 6 月 29 日,该企业正式停牌,并进行退市备案。

至此,该咖啡连锁企业造假事件告一段落。

所以,我们看到企业造假存在一定的隐蔽性,个别企业想要铤而走险进行财务造假,注定会留下破绽自食恶果,风险及代价非常高,企业无法做到良性发展。

二、上市企业常见的造假手段

那么,企业通常粉饰业绩的手段有哪些呢?

我们知道一家上市企业通常备受关注的明星报表是利润表,因此企业在造假的时候也会迎合人们需求,想方设法地增加最终的利润表现。而利润表的基本公式是:利润 = 收入 - 成本费用,因此,企业最常见的造假手段是在收入和费用上动手脚;同时,由于企业的经营性现金流量对于企业的生存和健康发展有着至关重要的地位,因此企业还有可能在经营性现金流量上做假。具体我们来看一下。

1. 收入造假

收入是整个利润漏斗的顶端,是形成利润最主要的来源,因此造假企业通常会从收入下手。通常企业会想尽办法来虚增收入,其手段主要包括虚构收入、提前确认收入和借助一次性行为夸大收入。

①虚构收入:是指这个收入在商业上没有发生,整个交易就是虚构的,具体的形式又包括虚假交易、将非营利性交易确认为收入、虚增成交金额和显失公平的关联交易等,这也是上市企业常见的造假手段。

②提前确认收入:是指在尚未开始提供产品或服务的时候对收入进行确认,或者在买家没有明确承担付款义务时确认收入以及确认超过完工百分比对应的收入。当然严格来说,提前确认收入不能完全被认定为造假,毕竟如我们在之前利润表一章提到的,收入的确定本身有一定的复杂性,所以这也会给企业一定的操作空间。

③借助一次性行为夸大收入:是指通过某些企业的非常规的一次性行为做大收入的做法,通常包括将出售业务部门或资产所得转化为营业收入、将收购支出转化为营业收入、将亏损打包进一个公司或部门出售掩盖亏损以及进行互换贸易等。

例如,依据浑水调研公司的报告,某幸咖啡在收入上存在明显的虚构收入行为,在 2019 年第三季度和第四季度,该企业将单个门店的每日销售商品数量分别至少夸大了 69% 和 88%,对于同一个门店,同一天的线上订单量夸大 34 至 232 单,平均值为 106 笔/天,是线下平均订单数量的 72%;同时浑水调研公司发现该企业夸大了其每件商品的净售价至少 1. 23 元或 12. 3%。

2. 费用造假

费用是创造利润过程中的“减分项”,因此通过对费用造假,也可以达到操纵利润的目的。

通常来说,上市企业会想尽办法虚减费用,主要包括将本期费用推迟至未来以及掩盖成本或亏损。

①将本期费用推迟至未来:是指将原本属于企业当期的费用推到未来以美化当期的利润结果。其具体形式多种多样,通常包括延长折旧摊销年限、故意忽视已经形成损失的坏账、不适当地使用费用资本化手段、不对受损资产或过时存货提取减值准备、将费用暂时挂在应收账款或预付账款科

目、推迟在建工程转为固定资产甚至将日常费用计入在建工程、通过临时资金冲抵将长时间坏账装扮成刚形成的应收账款，从而降低坏账计提比例等。

②掩盖成本或亏损：是指将原本属于企业当期的成本和费用抹掉，具体形式又包括少计原材料成本、少计销售费用、少计管理费用和少计财务费用等。

除此之外，还有一种比较特殊的情况，就是企业不但不虚减费用，反而会虚增费用，这也是我们前面提到的第二种情况“经营业绩好，粉饰经营业绩的企业”。这倒不是管理者头脑出了问题，而是为了企业未来的报表更好看，先把情况做糟，或者是为了“填坑”（把之前虚增利润抵消掉）而采取的手段，因此这也被称作“洗大澡”。其具体形式包括注销资产或存货以减低未来折旧或增加未来盘盈、大额计提应收账款或存货减值损失以便于未来转回，以及将经常性费用归入一次性费用计提以减少未来费用等。

继续以某幸咖啡为例，依据浑水调研公司的报告，该企业夸大了2019年第三季度广告费用150%。据称，分众传媒（Focus Media）费用为4 600万元，仅占该企业广告费用的12%，大大低于之前的几个季度。根据该企业多报的2019年第三季度的门店经营层面利润3.97亿元，加上刚好该企业所报告的广告费用与CTR（央视市场研究股份有限公司）追踪的分众传媒实际支出的差额为人民币3.36亿元，所以会发现这与多报的门店级经营利润十分接近，所以浑水调研公司推定有可能是该企业将多报的广告支出转回到收入和门店级利润中。

3. 经营性现金流量造假

在三大现金流量里，资本市场对经营性现金流量最为重视，因此企业的造假就是倾向于增加经营性现金流量的流入，或者减少经营性现金流量的流出，又或者是运用一次性行为增加经营性现金流量的流入或减少经营性现金流量的流出。

①增加经营性现金流量的流入：是指上市企业将投资性或筹资性的现金流量的流入，转化为经营性现金流量的流入。

②减少经营性现金流量的流出：是指上市企业将经营性现金流量的流

出，转化为投资性或筹资性的现金流量的流出。

③运用一次性行为美化经营性现金流量：是指企业通过无法持续的一次性行为，美化当期经营性现金流量，例如给出高额的折扣刺激客户在账期未到前付清应收款。

三、个人投资者对待造假的基本策略

可以看到，上市企业造假的具体形式千变万化，但归结起来无外乎收入造假、费用造假和经营性现金流量造假。那么，作为个人投资者，要如何对待企业可能存在的造假行为呢？

1. 保持质疑心

不要认为看到财务报表的数字，就一定是真的。前面我们提到了个人投资者在信息、能力、投入和实力等方面天然落后于投资机构，我们个人不可能有足够的专业能力和足够的信息证据直接证明企业造假，因此警惕心是个人投资者防止掉入上市企业造假陷阱的第一要务。当我们看到一家上市企业光鲜亮丽的财务报表时，第一反应不应冲动决策，而是要仔细观察这家企业的财务是否有可能造假，然后进一步分析是否考虑对其投资。

2. 坚持"有罪"推论

由于国内的资本市场不够成熟，个别企业存在侥幸心理，这也要求个人投资者在保持警惕心的时候，对那些有可能造假的上市企业奉行"宁可错杀一千，不可放过一个"的原则，毕竟个人投资者的资金有限，风险承受能力弱，一旦"错信"造假企业，付出的代价将是惨痛的。所以，"有罪"推论虽然会让个人投资者错过一些高速增长的好企业，但是也能实实在在地降低风险。

企业在进行收入、费用、经营性现金流量造假的时候，是否会留下一些"犯罪痕迹"，让我们可以通过这些造假痕迹，识别出企业有可能造假了呢？

下面让我们一起看看企业造假的"蛛丝马迹"！

读懂上市企业造假信号

在开始本节学习前，先快速思考三个关键问题。

(1)上市企业造假演变成为“地雷股”，在财务报表上如何体现？

(2)有哪些报表外的信息可以帮助我们识别上市企业造假？

(3)如何培养一双“火眼金睛”，识别上市企业的真面目？

正所谓“水过留痕，雁过留声”，只要上市企业试图在财务报表上动手脚，那么就一定会有蛛丝马迹可供发现。

一、“地雷股”在财务报表上可能造假的痕迹

地雷股是指因为企业的造假暴露、突发的业绩下降、长时间停牌或前期遭大幅爆炒，从而导致股票价格大幅下跌甚至连续跌停，使原先买入企业股票的投资人猝不及防的股票，投资人就好像中了地雷一样震惊，故而得名。

我们分别从利润表、现金流量表、资产负债表来看，有哪些上市企业只是表面美好，其实是暗藏危机的“地雷股”。

1. 利润表可能造假的线索疑点

(1)收入相关的线索疑点。

前面说到，上市企业造假的重要手段之一是收入造假，而虚构收入又是比较常见的收入造假手段，所以识别虚构收入至关重要。

因为上市企业造假做大收入，最后的目标仍然是把净利润粉饰一下，提高上去，从而使得整体业绩好看；而造假越多难度越大，被暴露的风险也会越大，所以虚构收入要从虚构高毛利收入下手也就不难理解了，因为这既能达到改善收入和毛利率从而提升净利的目的，同时造假项较少，造假的成本和风险较低。当然这样暴露出来的一个线索疑点就是：企业的毛利率同比会显著提升或者远超行业内的竞争对手。如果企业没有办法给出比较合理的解释（例如因为产品竞争力强，提高价格或者市场波动导致原材料价格

下跌等原因),那么,要投资这家企业的话就得小心了。

收入是一方买一方卖的生意,要虚构收入,就要有相应的交易方。如果一家企业的收入大增,但披露出来的大客户企业让人感觉比较陌生,甚至企业之前从来没有接触过,这个信号则要十分警觉。这里的细节包括但不限于如下几条:

- 交易方身份存疑:执照没有年审、注册地可疑、税务资料缺失等证明其资质较差。
- 提供的商品或服务是否为新品:新品立即吸引大客户的难度较大。
- 交易商品或服务对该企业的价值和用途不强:企业花重金买不太需要的东西并不合理。
- 商品或服务的价格与市场一般价格水平对比较高:本企业的产品或服务在市场上是否确有如此强的号召力值得怀疑。

此外,还有一个比较取巧的收入造假方式,是把"其他业务收入"做大。这是因为,监管机构对于上市企业的主营收入的披露要求较多,所以在财报上展示的信息也多,而企业如果把虚构的收入做到其他业务收入里,就不用披露这么多信息,那么也就更容易造假了。这种办法虽然比较简单、好操作,却也容易适得其反,释放造假信号:试想投资人大多在一个行业深耕多年,知道主营业务收入造假难度大,其他业务收入不会是企业发展的重点方向。那么,一个不是企业重点发展方向的收入突然大大增加,自然比较容易引起人们的怀疑。

(2)费用相关的线索疑点。

费用也是造假的重灾区,造假主要是针对销售费用和管理费用,具体有:对于一家比较成熟的企业来说,其收入和费用的比例应该是相对稳定的,而且在行业内优秀企业的费用和收入比例水平应该也是比较固定的;如果企业的费用比例突然降低或者远低于行业内的竞争对手,就要引起警觉。

类似于收入的情况,如果以"其他"开头或者比较少见的费用金额数额较大,就是要对这家企业提高警惕的信号。

(3)资产减值损失相关的线索疑点。

通常来说,企业的资产减值损失是个不太引起关注的科目,而如果在利润表里的资产减值损失同比突然大幅的增加,并且按照去年同期水平换算的话,利润同比没有大的波动,我们就有必要怀疑企业有“洗大澡”的嫌疑。

2. 现金流量表可能造假的线索疑点

上面我们说到,企业在现金流量上造假是想要美化经营现金流量,因此这也有可能带动现金流量表的一些异常现象。

(1)经营性活动现金流量相关的线索疑点。

当经营性活动产生的现金流量净额持续向好,但同时投资性活动的现金流量净额持续为大额负数,则有可能是企业将投资性活动的现金流出转换为经营性活动的现金流入。

另外,类似收入和费用的逻辑,如果“其他与经营性活动有关”的现金流量科目突然增大,企业又没有比较合理的解释,这也是企业可能造假的信号。

(2)投资性活动现金流量相关的线索疑点。

上市企业的投资计划性很强,如果企业财报上的投资性现金流出金额远超预算,则很有可能是被用来伪装成经营性活动现金流入了。

(3)筹资性活动现金流量相关的线索疑点。

如果公司付出高于市场一般水平的高利息的代价换取现金,这钱却只是闲放在银行或者购买收益比较保守的理财,那么企业造假的可能性也会比较大。而且,即便这家企业没有造假,以较高利息水平获取现金并且不好好利用起来,本身说明企业的问题可能已经比较严重。

3. 资产负债表可能造假的线索疑点

根据“资产 = 负债 + 所有者权益 + 收入 - 费用”的会计恒等式,企业如果想要虚增利润(收入 - 费用),那么它必然会导致虚增资产或虚减负债,由于负债虚减难度较大(因为变动负债还会涉及和债权人的私下配合,不如只是公司内部做假来得容易),所以虚增资产的可能性通常会更大一些。

(1)“应收账款”相关的线索疑点。

如果一家企业的“应收账款”大幅增长,尤其是“应收账款”的增幅超过同期收入的增幅,或者是“应收账款”周转率明显下降且低于行业内竞争对手的水平,则有可能是企业通过提前确认收入甚至虚构收入进行造假。而且,即便企业不存在造假行为,公司大幅增加“应收账款”的方式做增长,也蕴含了较大的风险。

另外,如果“其他应收款”相关(与企业产品或服务销售无关的应收款)的金额较大,这也可能是企业粉饰财务报表的信号。而且,这一类的应收款占比较大,本身也说明企业的资金存在不合理的占用,这也是值得警惕的。

同时如前面所说,“应收账款”有可能收不回来,从而形成坏账准备,如果企业的坏账准备明显低于行业内竞争对手的水平,或者企业不公布账龄结构,则这一类企业也是非常需要引起重视的。

(2)“预付账款”相关的线索疑点。

如果一家企业的“预付账款”大幅增加,尤其是“预付工程款”或“预付专利或非专利技术”的采购款大幅增加,则我们可以怀疑企业有可能存在通过预付款流出资金再以收入流回的方式虚增收入。

另外,如果“预付账款”挂账时间长,也要注意,毕竟“钱”是企业生存发展的关键,预付账款提前很久本身是一件不合理的事情。

(3)“存货”相关的线索疑点。

如果一家企业的存货(尤其是价值和数量难以确定的存货)大幅增长,并且存货的增幅超过同期营业成本的增长;或者企业的存货周转率低于行业内竞争对手的水平,且呈现下降趋势,就可以怀疑企业有可能虚构存货采购流出资金,然后再粉饰成收入流回。

同时,企业也有可能存在用存货积压却不计提存货跌价准备的办法,达到虚增利润的目的。

另外需要注意的是,如果企业自身的存货周转率下降明显,且毛利率显著提升,那么企业造假的可能性就很大了,因为一家企业的产品滞销卖不出去,为了提升存货周转率,企业无论是降价还是搞促销都会引起毛利率下降或者费用升高。

(4)“在建工程”相关的线索疑点。

在建工程因为涉及金额较大,计算界定不清晰成为财务报表造假的重灾区(尤其个人投资者根本无法判断企业在建工程的价值和完成度),如果企业的“在建工程”大幅增加,则企业可能有以在建工程采购的方式将资金流出再以收入的方式流入,从而达到虚增收入和利润的目的,又或者是企业会把费用包装成“在建工程”,从而提升利润。

此外,如果在建工程不能如期完工,或者又不断追加投资,那么有可能是企业造假(或者至少也是企业的管理者专业水平有限),都要引起个人投资者的警惕。

(5)“无形资产”相关的线索疑点。

无形资产本身价值不好衡量,如果企业花了较多款项进行无形资产采购,同时又不能证明无形资产对企业经营活动有足够的帮助,则需要引起个人投资者的警觉。

(6)“商誉”相关的线索疑点。

如果一家企业频繁进行收购活动,同时经常产生大额商誉,个人投资者需要注意企业是否有利用商誉进行造假的可能:一来可以利用商誉将投资性活动的现金流量流出转化为经营性活动的现金流量流入,另一方面也可能利用高商誉减少折旧费用,从而增加利润。

(7)“应付账款”和“应付票据”相关的线索疑点。

与“应收账款”相对的,如果企业的“应付账款”和“应付票据”大幅增长,虽然有可能说明企业的市场话语权大幅增加,从而对供应商更加强势,增长账期,但反过来也很有可能是企业现金流十分紧张,不得不拖欠供应商的钱来救急。

那么这种情况下,企业想要隐藏的经营问题就已经非常严重了。

二、“地雷股”在其他方面可能造假的痕迹

除了三张财务报表可能会暴露一些企业进行财务造假的蛛丝马迹之

外，还有一些信号昭示着企业极有可能存在财务造假，抑或是企业经营已经面临非常严重的危机。

如出现下列这些情况，同样昭示着该企业有可能存在财务造假。

（1）不能按照规定要求按时发布财报。

（2）频繁更换财务总监。

（3）独立董事大量辞职。

（4）更换会计师事务所（甚至多次更换）。

三、个人投资者练就“火眼金睛”识别“地雷股”

由于上市企业可以从造假得到极大的好处，所以造假虽然被严令禁止，但这一现象仍然存在。所以，这就需要个人投资者练就一双“火眼金睛”，去识别上市企业的真面目。

（1）锁定目标企业的行业，对于行业有比较强的认知。

可以通过行业研究、专家访谈、专业学习等方式加深对行业的理解，从而形成对行业的判断力。由于个人投资者本身对该行业的产业链、发展阶段、竞争格局、用户特征、行业关键要素、主要商业模式等有了足够的判断，也能对某个企业的商业模式、行业地位有清醒的认识，进一步也能大致判断企业的收入、毛利率、利润、增长速度等重要指标是否明显异于行业水平，甚至还可以形成一些有个人思考特色的行业经验判断，这样被骗的可能性就会大大降低。

（2）要避免自己被企业光鲜的财务指标所迷惑，将企业但凡存在可疑的地方罗列出来，以质疑的眼光不断寻找证据证明自己的怀疑是成立的。接着，要专注地去看企业呈现的美好数据背后的行业合理性、发展逻辑性、指标关联性是否成立，反复多次验证，从而降低踩雷的可能性。

事实上，我们不可能像前面提到的浑水调研公司这样的专业机构那样，去调动 92 名全职和 1 418 名兼职人员对某幸咖啡进行实地监控，详细记录 981 个工作日的门店流量，覆盖 100% 的营业时间。任何个人投资者都是做不到的，更多的时候，我们需要靠自己的分析能力和“怀疑精神”。

以国内有名的上市某海洋食品企业为例，该企业于 2006 年上市，但是自 2014 年以来，就累计上演了 4 次“扇贝出逃记”，2020 年证监会对该企业 27 条采捕船只的数百万条海上航行定位数据进行分析，委托专业机构运用计算机技术，还原采捕船只真实航行轨迹，复原真实的采捕海域，进而确定实际采捕面积，最终认定该企业造假。对于个人投资者来说，运用“警惕心”这一条心法也可以把该企业排除。

该海洋食品企业第一次发生扇贝出逃是在 2014 年 10 月，企业官方对外宣称说扇贝被冷水冻死，企业亏损高达 7 亿多元。但如果我们往前三四年查看一下该企业 2010 年的财务报表，可以看到 2010 年营业收入同比上一年增长了 49. 31%，同时 2010 年的毛利率从上一年的 28. 02% 增加到 34. 31%，一家企业营业收入增长得很好，我们可以理解，但毛利率同比上一年增长了 22. 4% 就有点奇怪了，要知道一家商业模式比较成熟的企业，毛利率大幅增长本身比较可疑，而且还是在营业收入大幅增长的情况下；不仅如此，2010 年的年报显示，该企业的净利润从 2. 27 亿元上升到 4. 84 亿元，翻了一倍还不止，经营活动产生的现金流量净额却从 7 546 万元减少到了 4 258 万元，足足减少了 43. 57%。换句话说，就是你赚到钱了，但是没有现金流进来，这是不是非常可疑？所以对于财务报表上有这样表现的企业，哪怕没有证据证明它在造假，也是不值得我们把有限的资金拿来投资的。

当然，想要完全排除造假的上市企业并不容易，毕竟不少专业的审计公司也不能完全发现企业造假。但是，个人投资者作为自己财富的掌控者，以更加谨慎的态度，避开明显的地雷股，仍然是非常有必要的。

学会听上市企业高管的发言

在开始本节学习前，先快速思考三个关键问题。

(1) 上市企业的高管通常会给我们释放企业的什么信号？

(2) 与上市企业高管相关的哪些信息变化，我们要尤其警惕？

(3) 如何修炼到对上市企业高管的“甜言蜜语”左耳进右耳出？

个人投资者想要从上市企业获取收益性强、安全性高、流通性好的投资回报，就需要避开那些在收入、费用、经营性活动现金流量造假的企业，所以能从三张财务报表和上市企业的公开信息发现企业可能造假，并且将这些企业排除出去非常重要。

一、上市企业高管通常会“对外发声”

个人投资者在投资过程中，除了会接收上市企业公布的财报和公告这些纸面信息外，还会被上市企业高管的宣讲以及证券行业专家的研究分析所影响，尤其上市企业高管对外释放的信息，常常会成为左右本身信息来源有限的个人投资者的关键——很多个人投资者会因为听多了高管们关于企业未来的“甜言蜜语”而放弃理性思考选择直接相信，结果做出过于感性的投资决策，进而导致投资失败。所以，接下来我们就来看看，上市企业高管通常都会释放什么样的信息，以及个人投资者应该如何应对。

在企业年报的“经营情况讨论与分析”中，一般会结合公司的财务表现，对公司的详细经营情况、未来发展进行讨论与分析。但除了这种书面正式的陈述，在上市企业高管答记者问或者有关媒体采访、个人对外发声的时候，都会进行一些发言，阐述自己的经营理念和企业信息，这些内容通常会包括以下几个方面。

(1)行业趋势和竞争格局的判断：上市企业高管将对于行业未来发展的趋势、行业特点、用户需求的变化以及市场上玩家的竞争卡位和竞争格局进行阐述。

(2)公司发展战略和重要的投资：上市企业高管对企业主要的商业模式、业务组合和主要核心竞争力进行说明，同时当企业有重要的对外投资也会进行披露和解释。

(3)企业经营情况和公司的经营计划：上市企业高管会将企业的财务表现、业务表现、产品情况等信息进行宣讲，同时将本企业在未来新的发展阶段下的经营目标、经营计划和主要的举措进行说明。

可以看到，上市企业高管对外发布的信息是对年报非常有效的补充，这里面还间接还原了财务报表所呈现出来产出结果的内外部驱动因素——这是行业的环境、企业的战略和投资以及企业的经营管理共同造就而成的。

二、合理识别上市企业高管“可能有雷”的信号

所谓“言有尽而意无穷”，对于上市企业高管的信息，我们要非常仔细、小心地去听，不要漏掉每一个“这里有雷”的警示音。

（1）对于行业、用户和竞争的描述，是否足够深刻、小心谨慎，并且未来可以验证是否实现。

由于上市企业高管对于企业本身的经营和决策都有非常大的影响力，这就要求他们要有对行业的深刻认识和判断，从而把握行业的机会，避开行业的风险和低潮，很好地把握用户的需求。如果上市企业高管的信息反复只讲行业的红利、自己企业发展的蓝图和过于浮在表面难以落地的行动方案，说明高管们对于行业的认知有限，相对于其他行业内的竞争对手没有优势。如果是长期追踪的企业，也可以比较企业每一年的市场判断最后是得到了应验，还是一直在不断修改自己的发言，“不断的自我打脸”。

（2）上市企业高管在描述自己战略的时候，对于核心业务或产品的定位，对于投资的侧重，也很能说明问题。

如果企业把更多精力投到非核心业务上，并且要花大量资金进行投资并购以进入全新的领域，那么企业未来的真实发展速度可能远不及他所描述的那样，而企业的风险可能也远远超过企业上市高管的认知。

（3）关于企业经营情况的描述和经营目标规划，主要是看在这一批企业高管们经营管理下，是否显著有效地推动运营指标的优化，经营目标设置是否合理并且通常是否可以达成。

如果目标设置不合理，且一些关键的经营指标在持续恶化，则企业的发展状况可能并不好，很有可能企业已经处在暴风雨之前的宁静了。

（4）不能光听高管们在说什么，当以下几类与高管相关的信息出现的时候，除了可以佐证企业高管在行业认知、公司战略与投资、经营管理水平上有待提高，同时也能暴露出企业可能面临较为明显的危机。

①大股东持续大量减持公司的股票,可能说明这些掌握内部信息的高管本身对企业的未来发展信心不足。

②企业的联合创始人或者主要创始团队、当前核心管理团队的大量退出(毕竟任何人都不如企业的创始和核心团队更了解自己公司的当前实际经营情况和下一步计划成功的可行性)。

③创始人过于高调的个人公关打造,可能使其自身的精力不够专注在产品和业务的优化上,同时也会加大个人形象受损时对企业市值影响的风险。

④企业投资经常是跨行业领域甚至是与现有领域完全不相关的投资并购,并且投资支出主要依赖融资款进行支付,这些高管们很可能是在“不务正业”。

⑤在建工程不能按时完成,并且还要不断追加投资,除了可能是造假,也可能是高管们画下的饼很大很好,但是对行业认知不足或管理不善导致未达成预期。

⑥在较长周期内有利润却不分红。

三、保持对上市企业高管的怀疑精神

一番分析下来,我们发现,不能因为企业高管说什么,我们便信什么,而是要多方了解,并且加入自己的分析与判断。

事实上,针对企业高管的“软性营销”,我们更多的是做好自己,这样才能不被这些美好许诺带着走。此处需要我们从以下三个方面入手。

(1)听到企业高管对外披露信息时,内心建立的第一反应应该是他在“说谎”。在这种“说谎”的假设下,一般有两种谎言,一种谎言是他为了掩盖什么而进行了财务造假,另一种谎言是他对行业的理解有限,以至于把自己也骗了,认为自己的目标一定能达成。如果有了这样的质疑心态,基本就不会被感性所淹没。

(2)如果发现高管宣传的信息与自己通过各种渠道观察到的信息有误差,应当直接否定上市高管所陈述的内容。因为以“宁可信其有”的原则进行否定，虽然会错怪一部分高管，但事实上很多情况下，这些无风不起浪的信息都是对的。

（3）基于高管对行业的判断，以及行业内其他竞争企业对行业的判断，再结合自己的行业认知和理解，是可以得出企业所处的宏观环境、发展阶段和竞争挑战的。无数的经验验证了最终的实际情况通常是乐观、中等和悲观这三种情况下的后两种，因此哪怕我们最终选择相信了高管的判断，也要把可能实现的美好未来“打折”之后再接受，因为现实中实施的影响因素太多，真正达到目的是很有挑战性的。如果打折后的结果仍然可以接受，再考虑进行投资。

本章内容主要是对个人投资者的投资建议。事实上，投资行为并没有万能的公式，认清自己的状况，通过对财务报表的学习和运用避免被造假企业欺骗，增强对行业的认知，才能避免犯严重的低级错误，毕竟个人投资者的抗风险能力是很弱的。

虽然投资者是“企业的股东”，但投资者再怎么看企业也是以一个局外人的身份在旁观，真正运营管理企业的是企业管理者。接下来我们就一起来看看，这些企业管理者是如何看财务报表的。

第九章

企业管理者看财报——商海浮沉的仪表盘

构建合理的财务预算管理，让企业高速前进

在开始本节学习前，先快速思考三个关键问题。

(1)什么是企业的预算管理？

(2)什么是企业核心管理层和中高层管理者之间的预算博弈？

(3)预算管理如何影响企业日常的经营活动？

对于投资者来说，可以通过财务报表反映的结果选择有发展前景的好企业，同时也避开一些可能有“雷”的坏企业；但对于企业来说，企业的每一天实实在在的日常管理是企业的管理者在经营着，他们为了吸引更多投资者或者更好地回报投资者，需要通过自己的奋斗将财务报表的结果变得更好，所以他们是财务报表第二重要的用户。

一、企业的预算管理过程

为了履行对股东的承诺，更好地回报股东，企业管理者就必须把基于财务报表的管理放在一个至关重要的位置上，而企业对于财务报表的重视和应用，通常都是基于预算管理落地实施的。

预算管理，是指企业在战略目标的指导下，对未来的经营活动和相应的财务结果进行充分、全面的预测和筹划，并通过对执行过程的监控，将实际

完成情况与预算目标不断进行对照和分析，从而及时指导经营活动的改善和调整，以帮助管理者更加有效地管理企业和最大限度地实现战略目标。假如预算是以实现企业的财务目标为目的，以销售预测（如销售收入）为起点，进而对企业的生产、成本及现金收支等进行预测，并且涵盖了预计损益表、预计现金流量表和预计资产负债表，那么这就是企业的全面预算管理。

在预算管理过程中，由于三张财务报表的具体内容不同，所以预算的要求也不同。通常来说，利润表是推动企业利润和业务增长的核心，是预算管理的重点方向；现金流量是企业生存发展的重要支撑，是预算管理的进一步延伸；资产负债表是企业经营结果的资产体现，是预算管理的补充说明。

通俗一点地说，预算管理就是企业在盘点上一个经营周期（通常是一年）的财务报表之后，再结合企业想要达成的目标，制订了在新的一个经营周期里财务报表想要的结果预期，然后以这个预期为标尺，不断检验企业实际经营结果是否达到这个预期，从而进一步去改善和调整以使最终结果达到甚至超过预期。

总之，预算管理可以说是企业管理者应用财务报表的落地实践，更可以说是驱动企业不断前进的发动机，没有一个管理者可以忽视预算管理。通常来说，企业的预算管理包括四个部分的内容。

（1）预算编制：进行预算的编制工作，通常由财务部门主导推进，包括各类预算申报、审批、汇总、调整、最后发布等一系列工作。

（2）预算执行：预算执行情况的跟踪、展示等。

（3）预算分析：预算编制数据和预算执行数据的分析展示，包括固定表分析方式、多维分析方式、图形化展示等，为后续的管理优化提供支撑。

（4）预算考核：依据不同管理层级的关键指标达成情况，进行预算的绩效考核。

二、企业的预算管理是一种博弈

在实际推进预算管理的落地过程中，企业的预算管理基于企业核心管理层和中高层管理者之间的博弈情况，通常可以分为两种情况。

（1）由企业的核心管理层以当前财务为基础，依据战略发展目标和企业的实际情况为依据，制订整体的预算目标和预算目标分解，中高层管理者基本不参与预算的制订，只是预算的执行者。

（2）由企业的核心管理层对预算的大致目标和原则说明，让各业务的中高层管理者进行预算提报，基于预算汇总的情况，核心管理层再对预算进行批示，明确最终的预算目标和预算目标分解，中高层管理者既是预算的制订参与者，也是预算的执行者。

可以看到，这两种预算管理方式有很大的不同。

第一种情况，企业的核心高层比较强势，包办了预算编制的全部过程，中高层管理者只是预算的执行者，只能被动地接受，所以这种情况下预算的编制效率高，但中高层的执行有可能出现偏差，而这种预算管理办法的制订背景通常是企业的核心高层本身比较了解业务情况，同时管理风格比较硬朗和强势，且行业的竞争和商业模式比较成熟，对于灵活性要求不高。

第二种情况，中高层管理者参与预算的编制，能够基于自身的行业和业务认知提出预算目标，再由核心高层汇总后依据战略目标的要求对预算目标进行调整（通常是提升对预算的结果要求），因为中高层管理者参与度较高，所以积极性较强。但这种办法的弊端也很明显：一是中高层管理者可能人为地少报预算目标或者多报预算费用，预算变成一场“讨价还价”的争论，导致整体战略目标无法达成；二是核心管理层和中高层管理者需要反复沟通和博弈，导致预算编制的时间成本较高、效率较低。

三、企业的预算管理对日常经营活动的影响

预算一旦完成了编制和批复下达后，则会对企业的日常经营管理起到非常明显的影响作用。

（1）核心管理层会将整体预算分解为业务单元的预算，同时明确各预算业务单元的工作目标。中高层管理者会将预算作为经营管理的基本依据，进一步将预算指标层层分解，具体落实到业务单元内部的各部门、各环节、各单位和各岗位，形成全方位的预算执行责任体系，保证预算目标的实现。

（2）从时间维度上，也会将年度预算细分为月份和季度预算，依据分期预算进行控制，从而确保年度财务预算目标的实现。

（3）业务的经营活动会以实现预算的要求来开展，将预算要求的财务结果转化成业务日常的经营活动，从而保证能够以终为始地去开展工作，凡是和预算目标相关的业务行为将会被投入更多的人、财、物，反之则减少投入。

（4）在达成预算结果的同时，业务人员会被要求把费用控制在预算水平范围内，如果费用超出预算，则财务部门等相关部门有可能对业务单元的费用进行控制管理。

（5）当出现阶段性不能达成预算的情况或者整体预算目标达成的风险较高时，业务单元的中高层管理者会进行相应的业务调整、人员变动、策略优化等方式，以确保达成预算。

所以，我们可以看到，企业的预算管理好比管理者要搭一座房子，一种情况是管理者画好蓝图，这个蓝图的每个细节都画好了，中高层管理者按着这张蓝图去盖房子就好了；另一种情况是管理者只是画了一个草图和提了设计要求，让中高层管理者发挥自己的能力去补全蓝图，并且全力盖好。而这个蓝图其实就是企业想要达成的财务报表结果；房子的入住和舒适度相当于企业的奋斗给投资人带来的回报；企业的核心层、中高层管理者以及基层员工相当于设计师和建筑施工团队，对于房子的完工共同负有责任。

四、企业预算管理的难点

关于预算，存在一个比较难以衡量的问题：当预算目标与实际执行结果产生了差距（房子没盖出来或者没盖好），到底是预算编制的问题，还是实际执行有了偏差？为了达成预算，企业到底应该如何调整？

（1）从编制上看，企业的预算目标有可能走两个极端导致差距：要么定得太高无法执行，要么定得太低没有动力（这种情况相对少一些），而且这个问题在由核心高层包办预算编制的时候可能更为突出。

（2）从执行来看，如果核心管理层对预算不够重视，则预算管理极有可能虎头蛇尾,或者还未到年末,预算管理就悄无声息;或者企业本身没有很好地执行机制,管理过程随意性很大,对于目标和费用控制的力度不足,导致无法起到预算管理应有的功效;又或者预算标准的随意性较大,到年中发现难以达成时则频繁去更改预算。

总之,企业的预算管理是推动企业不断优化和提升经营管理的驱动力,企业预算管理的水平和能力充分体现了企业真实的经营管理水平。

拥有成本费用优化意识,保证企业正常运转

在开始本节学习前,先快速思考三个关键问题。

(1)为什么每个"老板"节约成本费用的意识都特别强烈?

(2)什么情况下,企业会特别强调成本费用的控制?

(3)什么是过度的成本费用带来的副作用?

企业管理者通过预算管理驱动企业向前发展,同时也会依据预算来控制企业的成本费用。但是,站在企业的管理者角度来看,尤其是作为企业核心高管的"老板"的角度来看,企业的成本费用控制不单是为了满足预算管理的要求,而是有更为重要的作用。

一、"一张火车票"体现出的成本费用管理

我们先来分享一个某企业的真实例子。

有一家企业已经是国内某细分领域的龙头企业,在某天的高管会上,企业的董事长反复强调,公司最近有一名销售在拜访客户回来后进行报销的时候,报销的是软座票。而据销售本人反馈,是由于自己当时买不到票了,所以才买了软座票。

但是董事长对这个解释并不买账,他认为现在企业的员工已经开始贪图享受和追求安逸,能有软座票就不买硬座票,这是非常危险的信号。紧接着,董事长针对企业要刹住浪费主义的风潮对高管们进行了宣贯,同时对于

企业的费用控制又下达了更加严格的要求。

很多人对此表示不理解：不过就是一张软座票，相差不过几十块钱，至于在高管会上这么大动干戈吗？怎么一张火车票的事情还要公司的董事长亲自过问？公司那么多重要的经营事情等待决策，难道还不如一张小小的火车票重要吗？

其实，当有些员工只是简单地认为老板在“小题大做”，或者认为是老板太“抠门”舍不得花钱的时候，其实是对老板背后的成本费用意识没有足够的认识。

二、为什么老板都爱“抠成本”

“老板”作为企业的核心管理者，需要对投资者负责，因此永远不能少了成本费用优化意识，如果我们从财务报表里思考就会很好理解。

我们以一家餐饮企业为例，假设企业一个月收入100万元，其中房租15万元，人工成本30万元，原材料成本30万元，各项费用10万元，那么这个企业的税前利润可以粗算为15万元。

房租通常是企业难以控制的支出，原材料成本也主要受市场影响，企业可以自己掌控的是人工和各项费用。如果企业有比较好的人工成本费用控制，把人工费用节约10%，下降到27万元，那么企业的利润就可以上升20%，达到18万元，如果费用控制好一点，节约30%变成7万元，那么企业的利润可以再上升20%，达到21万元。

可以看到，少雇点人、少发点工资、少晋升一些，同时让大家忙一点累一点，企业的利润就可以多一点，或者在各项费用上这省一点那省一点，企业的利润也就可以再多一点。这样一来一去，企业的利润就可以有比较明显的提升，比如上面的例子整整提升了40%的利润，非常可观，对于投资者的回报也会更大一些。

除了利润促进之外，成本费用控制对于企业的现金流也会更安全一些。例如该企业账上有300万元现金，每月支出“房租+人工+原材料+费用”为85万元（假设成本费用均为当月支出），那么按每月30天来算，企业的现金流可以支撑 105 天;如果企业人工成本和费用下降 5 万元,那么每月支出为 80 万元,企业的现金流就可以支撑 112 天,足足多支撑了一个星期。

我们可以看到,在上面的例子里,其实老板在意的不是一张火车票,而是火车票背后的费用科目的管理,以及费用科目背后的利润增加和现金流安全。不仅如此,对于成本费用的控制,更是企业管理者要打造坚守、拼搏、奋斗的企业文化精神的主要抓手,同时也是树立上下一心、共同奋斗的员工氛围的必然要求。

三、什么时候企业尤其关注成本费用管理

企业的老板什么时候会尤其关注成本费用的控制呢? 通常来说,会有以下几种情况:

(1)企业处在初创期,有启动资金但收入很少的时候。

当一家企业在早先发展阶段,收入还不是很稳定,但是前期投资已经投入了,账面上的现金流主要依赖创业启动资金,这个时候的成本费用控制,就是让企业活下去的机会。成本费用控制得越好,企业的现金流就越健康,就越容易支撑到企业规模增长、收入稳定的时候。

(2)企业发展变慢,收入明显降速的时候。

当一家企业的发展速度不快,收入增速明显下降的时候,却仍然想要获取可观的利润,那就要对成本费用进行强化控制,最后就会如同前面举的例子那样,通过降低成本费用,把大量的利润直接节约出来。

(3)企业有直接涉及生产相关的部门。

如果企业自己有生产部门,其中涉及大量的原材料采购和生产加工,那么采购成本的控制、库存的管理,以及生产加工过程的生产费用控制、工艺改进、材料回收利用等,都是企业日常经营的重要环节,因此无论自身处在什么发展阶段,自然都要更加重视成本费用的控制。

(4)企业所处行业领域的毛利率较低。

如果一家企业本身所处行业的毛利率较低(例如农副产品加工业、纺织业等行业的企业),其对成本费用的操作空间较小,尤其是市场波动还有

可能带动原材料成本上升的时候，对于企业的冲击更剧烈，因此企业也要加强成本费用控制，以保证企业的顺利运转。

所以，企业管理者想要“省钱”，很多时候并不是他们个人的意愿和风格驱使，而是企业的经营管理需要管理者对成本费用施加管理和控制。

四、企业过度重视成本费用管理的副作用

有的时候企业管理者过于在乎成本费用的控制，也会产生一些副作用。有些企业的管理者，尤其是在创业阶段经历过现金流之痛的企业管理者，在成本费用控制方面可能会过于严苛，这极有可能导致企业牺牲长期发展的利益。通常有以下几种情形：

(1)对采购成本的过度控制，可能导致产品质量下降和库存积压风险。

有些企业以成本的绝对值控制为目标，盲目地降低产品的采购成本，甚至不惜采取偷工减料、冒牌顶替或粗制滥造等错误方式来降低成本，从而严重影响产品品质和用户体验；又或者企业为了降低采购成本不惜大量囤货，导致库存积压严重，甚至因此面临严重的库存危机和现金流危机(企业在规模化扩张降低成本的同时，还有可能由于市场波动导致系统性的经营危机)。

(2)在用户投入、技术研发等方面“省钱”，可能会牺牲业务的长期健康发展。

有些企业在拓展用户的市场费用和销售费用上一刀切地严格削减费用，或者对于产品改进、技术提升方面长期减少甚至不投入，表面上看是节约了成本费用，实际上则降低了企业的市场竞争力，这有可能导致企业在用户和业务增长以及构造市场差异化竞争力方面出现比较严重的问题。

(3)降低员工薪酬水平和福利，可能导致难以吸引和留住优秀人才。

企业在控制费用时除了可以控制采购、销售费用，还可以控制人工成本，包括控制员工数量、控制员工薪酬水平、调整薪酬发放周期、改变薪酬结构(如增加绩效考核比例、增加延期发放比例)、降低员工福利等方式。但过度节省人力成本，有可能导致企业难以吸引行业优秀人才，同时由于已有

员工的工作强度和工作压力较大,投入和产出不成正比,可能导致一部分优秀人才流失。

所以,企业既要重视成本费用的控制,同时也要动态调整成本费用控制的力度,在这一点上企业管理者非常需要不停地学习"洗牌",以保证企业的效率和活力;同时还要拿捏好成本费用控制的力度,以保证不能损害企业的长期竞争力。

拥有基于财务模型的判断力,更好地预见未来

在开始本节学习前,先快速思考三个关键问题。

(1)财务报表模型的基本特征是什么?

(2)什么是"收入-毛利"的简易财务模型?

(3)什么是单位经济效益的简易财务模型?

预算管理和成本费用管理是企业管理者进行财务和业务管理的主要手段,但是预算管理更多的是帮助企业管理者衡量并修正自己的经营管理以达到预算目标,而成本费用管理更多的是帮助企业管理者提升达到目标时的运营效率和财务回报,企业通常还非常需要通过财务模型测算的方式,明确企业发展的可行性和目标的合理性,从而使得企业的目标管理更加符合行业的实际情况,并且制订更加有效的发展策略。

一、财务模型和特征是什么

财务模型,是指将企业的各种财务信息按照价值创造的主线进行分类、整理和链接,以完成对企业财务结果的定量分析、预测和评估等功能。在实际情况中,财务模型通常是将基于现有的利润表、现金流量表、资产负债表的财务结果,结合一定的假设、分析和预测得出新发展阶段下的利润表、现金流量表、资产负债表的财务结果。

因此,可以看到,财务模型和预算管理、成本费用管理都是一种企业的

内在管理，不同的是它更多的是一种预期合理性的预判和对未来发展策略动态调整的依据。

（1）财务模型的背后是对于行业的理解。不同行业领域、不同发展阶段的企业在进行财务模型设计的时候，因为企业的市场空间、用户消费特征、竞争环境不同，所建立的财务模型也不相同，所以虽然最终数据化呈现都会落地于三张财务报表，但财务模型的测算逻辑没有一成不变的模板，只有基于行业理解的财务模型测算。

（2）财务模型包括了预期目标的合理测算。与预算管理的目标逐级分解不同，财务模型的预期目标更多的是基于行业市场环境判断后的设定（财务模型的核心假设），反映的是目标的客观特征和合理性（通常结果会是未来三年的乐观、中观和悲观的财务预测，或者是采取激进、中立、保守策略的财务预测）。

（3）财务模型包含了企业经营策略的变动。通常企业经营策略的变动（反映为财务模型中的核心参数调整）会带动一系列财务指标的调整，从而改变整个财务模型的结果，也反映出企业在日常经营活动中的策略调整。

二、财务报表的模型原理

举例来说，其实以利润表为代表的三张报表本身就是最基本的“财务模型”。

（1）我们都知道会计恒等式“资产 = 负债 + 所有者权益 + 利润”，这意味着只要企业的净利润不断增加，那么利润表的净利润就会进入资产负债表的存留收益，增加代表股东利益的所有者权益，这也是为什么投资者和为投资者服务的企业管理者始终把企业的利润增长当成头等大事来做。

（2）进一步有“利润 = 收入 - 成本费用”，这意味着企业尽可能地增加收入，控制成本和费用，企业的利润就会不断上升，这也是为什么企业通常将收入作为预算的源头来管理，同时在经营的时候特别强调成本费用控制。

（3）收入的增加有很多因素（其中非常重要的一种方式是将收入拆解为“单位产品销售价×销量”），收入、盈利和成本费用的关系也有多种（单位产品盈利、单位产品盈亏平衡、单位产品亏损）。通常来说，我们可以理解为“企业的利润 = 单位产品销售规模×（单位收入 - 单位成本）”，因此，企业通常来说要做的事情，一是尽可能做大规模，二是尽可能实现单位产品的盈利。

我们可以将复杂的财务模型简化，从利润表的财务结果来说有两种重要的财务模型判断：一是收入—毛利关联模型；二是单位经济效益（Unit Economics，UE）模型。

三、收入—毛利关联模型

通常来说，一家企业的收入规模、毛利率存在比较明显的关联关系：当企业收入规模较小时，企业的毛利率有可能处在较高的水平；当企业的收入规模较大时，企业的毛利率通常会处在相对较低的水平。尤其在排除垄断的情况下，收入规模很大、毛利率又很高的企业是很少见的。此外，企业的毛利率同时也会影响企业的库存周转率，高毛利率通常意味着低库存周转率，毛利率也会显著影响企业的现金流量，由于本模型以利润表出发，暂不涉及相关现金流量的假设。

因为“企业的收入规模 = 产品销售单价×销量”，并且“企业的毛利额 = 收入规模×毛利率”，所以“毛利额 = 产品销售单价×销售量×毛利率”。

假设企业处于个人消费用户市场，产品的成本价为 80 元，当产品销售单价为 100 元，毛利率为 20% 时，每月销量为 10 000 个，此时的月收入为 100 × 10 000 = 100（万元），毛利额为 100 × 10 000 × 20% = 20（万元）。

同时，基于行业的理解和判断，企业销售单价每下降 10 元，可以使每月销量提升 3 000 个，同样地，企业销售单价每上升 10 元，会造成每月销量减少 3 000 个，那么：

（1）当产品销售单价为 90 元时，每月销量为 13 000 个，收入为 117 万元，毛利额为 13 万元。

（2）当产品销售单价为 80 元时，每月销量为 16 000 个，收入为 128 万元，毛利额为 0 万元。

（3）当产品销售单价为70元时，每月销量为19 000个，收入为133万元，毛利额为－19万元。

（4）当产品销售单价为110元时，每月销量为7 000个，收入为77万元，毛利额为21万元。

（5）当产品销售单价为120元时，每月销量为4 000个，收入为48万元，毛利额为16万元。

（6）当产品销售单价为130元时，每月销量为1 000个，收入为13万元，毛利额为5万元。

可以看到，当企业适当让渡毛利的时候，可以带来企业销量和收入规模的上升，但同时代价就是毛利额也会不断下降甚至毛利为负。由于企业得到毛利之后还要扣减各项经营管理费用，所以毛利打平和毛利亏损必然带来企业的净利润亏损，而毛利较低，则取决于企业的费用控制水平是盈利、盈亏平衡还是亏损。

当企业追求更高毛利的时候，可能会牺牲一部分销量和收入。并且，随着价格的不断升高，销量不断下降，有可能会进一步导致毛利额反而也随着销量和收入同时下降的现象。

因此，企业的“收入－毛利关联模型”可以帮助企业确定策略：是否要以牺牲毛利来换取企业规模的扩张，以及以多大的毛利来换取市场（尤其销量还可以换算成“用户数×购买频次”，这也意味着要去“购买用户”）。

四、单位经济效益模型

除了企业规模外，另外一个重要的财务模型是“单位经济效益模型”，这个模型的逻辑比较简单，即“单位利润＝单位收入－单位成本”。但是，具体如何确认单位收入和单位成本则是比较复杂的过程。

通常来说，会以LTV（一位典型客户的生命周期总价值）和CAC（赢取一位典型顾客的成本）的关系来判断UE（Unit Economics，是指单体经济模型）模型是否成立。依据经验，优秀企业的LTV和CAC的比率是3倍以上（有时可以达到7倍或8倍），因为，只有LTV比CAC大很多，才意味着企业可以从客户那里赚到的收益比获得这个客户所花费的更多,但 LTV 高于 CAC 不意味着企业的单位经济效益一定好,如果 LTV 的实现周期过长,也会给企业的现金流量带来巨大压力。

我们可以判断出来,如果一家企业已经可以通过经营性活动从客户那里持续性获取 LTV 回报,并且该值持续性高于 CAC,那么企业的经营状态良好,否则企业则需要靠融资完成基本经营运转。

“单位经济效益模型”是判断一项业务是否发展成为“一门生意”最关键的模型,因为只有符合单位经济效益模型的业务才有自生力,否则需要外力才能存活下来。

五、财务模型的价值意义

企业的财务模型帮企业管理者建立了判断力,企业管理者通常会碰到以下问题:

(1)对于成熟业务和新业务,如何有区别的去看财务报表?

例如,成熟业务看净利润,新业务要先看规模和规模增长的情况,新业务对亏损的容忍程度体现了企业的发展策略。

(2)一项不赚钱的业务到底有没有存在价值? 一项创新业务是否可以成立? 这个企业能不能活下来? 有没有实现 UE 模型的可能?

(3)企业的业务到底是不是一门好生意? 规模化的可能性以及 UE 模型的具体产出效果。

接下来我们再看一看,如果企业的管理者通过预算、成本费用控制和财务模型把企业经营好了,想要发展成为上市企业,那么,还有哪些方面的工作要做。

企业管理者的星辰大海——走向成功上市的康庄大路

在开始本节学习前,先快速思考三个关键问题。

(1)企业想要上市,需要具备什么样的条件?

(2)企业为了上市,需要进行哪些准备?

(3)企业上市有什么好处,又有什么弊端?

掌握了预算管理、成本费用控制管理和财务模型管理,一个企业的管理者可以说已经比较牢靠地控制住了企业的基本面。但企业不是静态的,而是不断向前发展的,企业的发展经历有创业期、成长期、稳定期和衰退期四个阶段,其中非常重要的一个环节,应该是企业要利用成长期和成熟期上市,从而更快、更好地发展。

一、我国多层次的资本市场结构长什么样

目前,我国拥有多层次的资本市场结构,既包括场内市场的主板、中小板、创业板,也包括场外市场的新三板、区域性股权交易市场和产权交易所,通常来说针对的主体也不同。

(1)主板适合央企、大型蓝筹企业。

(2)中小板适合有一定规模的中小型蓝筹企业。

(3)创业板适合有一定规模、处于成长期的创新型和科技型中小企业。

(4)新三板适合初创阶段的高成长型、创新型、科技型企业(该市场可以为这些企业解决股权筹资、资产评估、股权交易等问题)。

(5)区域性股权交易市场适合各类中小微型企业。

(6)产权交易所主要适用于各类国有企业进行包括股权在内的产权转让。

二、什么是企业上市

所谓上市,是指一家企业首次公开募股(Initial Public Offerings,IPO),通过证券交易所(即场内市场)向投资者增发股票,以期募集用于企业发展资金的过程。

资本市场的不同层次等于给企业的身价定了一个"阶层"和筹资的便利性。如果企业上市成功,就可以让企业在主板、中小板或创业板公开募集

资金,同时也是对企业品牌形象的升级,可以说这是企业发展阶段的一个重要里程碑,其对企业的改变和影响力是企业任何发展阶段都无可比拟的。

所以,通常企业为了达到“上市敲钟”的梦想,愿意满足诸多上市条件和付出诸多代价。

三、企业上市的条件

监管机构为了保障广大投资者的权益,企业需要具备一些基本条件,才可以申请股票上市。

通常来讲,企业上市的地方不同,上市的条件也有所不同。目前我国企业通常会选择的上市地有上海证券交易所(主板)、深圳证券交易所(主板、中小板和创业板)和香港证券交易所。国外的上市地通常有美国纽约证券交易所、美国纳斯达克证券交易所、日本东京证券交易所、新加坡证券交易所、英国伦敦证券交易所、德国法兰克福证券交易所等。

以在上海证券交易所上市为例,股份有限公司必须同时满足的财务要求和股本条件包括如下内容:

1. 财务要求

①发行前三年的累计净利润超过 3 000 万元。

②发行前三年累计净经营性现金流超过 5 000 万元或累计营业收入超过 3 亿元。

③无形资产与净资产比例不超过 20%。

④过去三年的财务报告中无虚假记载。

2. 股本及公众持股

①发行前不少于 3 000 万股。

②上市股份公司股本总额不低于 5 000 万元。

③公众持股至少为 25%。

④如果发行时股份总数超过 4 亿股,发行比例可以降低,但不得低于 10%。

⑤发行人的股权清晰,控股股东和受控股股东、实际控制人支配的股东

持有的发行人股份不存在重大权属纠纷。

除此之外，对于企业在主体资格、公司治理、独立性、同业竞争、关联交易和其他方面，也会要求上市公司达到相应的标准。

可以看到，上市对于企业的财务能力尤其是盈利能力提出了比较高的要求，对于企业的股本也有比较明确的要求。这两点，通常也是筛选企业能否上市的关键要素，同时也是企业选择上市地点的重要考量。

四、企业上市的准备

如果企业达到了上市的要求，并且明确了上市的地点，接着就要对上市进行准备。

企业想要上市牵涉的问题非常广泛而又复杂，通常需要聘请专业的第三方机构协助，这主要包括选定合作的券商，并在券商的协助下尽早选定其他中介机构，其中股票改制所涉及的主要中介机构包括证券公司、会计师事务所、资产评估机构、土地评估机构、律师事务所。

具体来看，企业上市（以国内上市为例）通常分为四个阶段：企业改制阶段；上市辅导阶段；申报材料制作及申报阶段；股票发行及上市阶段。

1. 企业改制阶段

①拟改制的企业成立改制小组，负责全面统筹，由券商制订股份公司改制方案和推荐其他机构，同时让包括会计师事务所、资产评估机构、土地评估机构、律师事务所在内的机构承担相应领域的工作。

②确定改制方案。

③券商主持分工协调会，就发行上市重大问题进行讨论。

④中介机构各自开展工作。

⑤取得政府公共部门的确认。

⑥准备相关的文件材料。

⑦召开创立大会，选举董事会和监事会。

⑧工商行政管理机关批准股份公司成立。

2. 上市辅导阶段

①辅导期：股份公司依法成立之后，按照中国证监会的有关规定，拟公开发行股票的股份有限公司在向中国证监会提出股票发行申请前，须由具有主承销资格的证券公司进行辅导，辅导期限为一年（辅导工作开始前十个工作日内，辅导机构应当向派出机构提交相关材料）。

②有效期：上市的辅导有效期为三年，即本次辅导期满后三年内，拟发行公司可以向主承销机构提出股票发行上市申请；超过三年，则须重新聘请辅导机构进行辅导。

3. 申报材料制作及申报阶段

①制作：由主承销商与各中介机构分工进行申报材料制作，然后由主承销商汇总并出具推荐函，最后由主承销商完成内核后，将申报材料报送中国证监会审核。

②初审：申报材料上报，中国证监会收到申请文件后在 5 个工作日内做出是否受理的决定，同意受理后会对发行人申请文件的合规性进行初审。

③审核：中国证监会对按初审意见补充完善的申请文件进一步审核，并在受理申请文件后 60 日内，将初审报告和申请文件提交发行审核委员会审核。

④核准发行：依据发行审核委员会的审核意见，中国证监会对发行人的发行申请做出核准或不予核准的决定。

4. 股票发行及上市阶段

①股票发行申请经发行审核委员会核准后，将取得中国证监会同意发行的批文。

②刊登招股说明书，通过媒体进行巡回路演，按照发行方案发行股票。

③刊登上市公告书，在交易所的安排下完成挂牌上市交易。

五、企业上市的利与弊

企业上市需要经历苛刻的监管条件和过程，上市本身对企业而言就是一场磨砺。那么，是不是所有的企业都应该在发展的加速阶段进行上市融资呢?

一分为二地看,上市确实能给企业带来很多好处,具体包括以下几个方面。

(1)上市后企业可以公开募集资金,拥有固定的融资渠道,会有更多的融资机会,从而使资本更好地发展,解决资金短缺问题。

(2)由于上市企业的稀缺性和严格标准,上市会给企业增加知名度和提升品牌形象。

(3)企业管理者和员工的财富增长,主要包括持股人出售股票,同时通过对员工的期权激励也能更好地吸引和激发人才。

(4)其他潜在优势。比如可以取得更多政策优惠和竞争地位,增强跨行业跨领域的业务发展、协同、收购等。

但是另一方面,企业上市也会带来一些负面影响,具体包括以下几个方面:

(1)由于上市企业需要定期进行信息披露,使得企业的财务状况和发展方向等企业关键信息公开化,失去了信息的隐秘性。

(2)公司将面临非常严格的审查,同时企业的高管将承担更多责任。

(3)核心管理层的股权稀释,减少了控股权,企业的核心管理层也有失去控制权的风险。

(4)其他潜在的风险和代价。比如受公众情绪影响股价狂跌、股票市场动荡、上市的成本和费用较高增加企业负担等,都有可能激发问题。

可以说,企业的管理者作为企业的掌舵者,无时无刻不在思考企业前进的方向。上市作为企业成长道路上的重要一站,很多时候也是企业奋斗的目标;一旦企业上市,那么企业的财务报表所体现的预算管理、费用控制、财务模型,也就会更符合上市企业的要求,从而根本上改变了企业的发展道路和内在经营管理。

第十章

职场和生活中的财务思维

在开始本节学习前,先快速思考三个关键问题。

(1)为什么说只有学会替你的老板思考问题,你才有可能成功?

(2)《孙子兵法》里蕴含了怎样的企业财务思维?

(3)什么是优秀的职场工作者必备的财务意识?

职场中的财务思维——升职加薪的必备武器

对于职场工作者来说,除了财务部的员工本身工作与财务报表直接相关之外,其他部门的职场工作者在企业内部工作职责细化分工的背景下,只会从事自己岗位要求的工作,对于财务报表的意识比较模糊,但他们其实是财务报表的第三类重要用户,他们可以通过对财务报表的学习和领悟产生质的飞跃,让财务报表成为帮助自己升职加薪的武器!

一、职场工作者学习财务报表的现实意义

在职场工作者普遍不够重视财务报表的背景下,拥有足够的财务意识本身就是站在了企业管理者的角度思考问题,这已经是职场工作者在意识上的领先。企业的管理者会以财务报表为基础,对企业进行预算管理、成本费用控制和财务模型预测,进而通过发展走向企业上市,所以如果员工本身熟悉财务报表,有较好的财务意识,将直接带来四点好处。

(1)可以正确认识企业的战略和经营举措,让自己的行动紧跟上级管

理层的方向。企业的发展战略和财务目标通常是相辅相成的关系，好的战略必然落地于财务报表的产出提升和结构改善，作为职场工作者，熟悉财务报表，进而去了解企业的财务目标，可以让自己不只是关注于自身工作的完成，还能关注自己的工作如何更有效地推动战略的达成和财务目标的实现。

(2)可以充分理解管理者的意图，避免不必要的负面解读。随着市场环境和企业战略的变化，企业的经营管理在不停调整，由于企业管理者和员工存在明显的信息差和信息传递衰减，这些调整并不能十分及时地让员工知道并理解。如果员工本身的财务报表素养不足，就很容易站在自身的经验和个人体验出发，形成一系列负面的解读，从而陷入负面情绪，影响工作的开展。

(3)可以自己设立比较精细的财务账，替上级管理层分忧。如果职场工作者本身有一定的财务报表能力，对于自己的工作先从算财务账的角度出发，那么对于自身在部门的定位、自身工作产出的定义都会有比较明确的衡量，尤其是通过自己合理的“算账”，更能使得所做的工作贴近企业管理者的意图。

(4)可以合理预估企业管理层的行为，进而做出合理判断。如果本身掌握财务报表的知识，同时能够较好地获取企业的财务报表信息或者对于企业财务报表的信息有大致的数量级判断，那么职场工作者可以对企业未来的战略、经营行为进行合理预估，这个判断对于自己职业生涯选择、工作重点侧重、升职加薪机遇都会有至关重要的影响。

二、《孙子兵法》体现孙武的财务思维

孙武，被后世尊称为兵圣、孙子，是春秋末年齐国人，他在去吴国“求职”的时候，向当时的吴王阖闾进呈自己写的《孙子兵法》十三篇，从而成功受聘为将，进而帮助吴国以弱胜强打败了强大的楚国。而这部《孙子兵法》不仅帮助他找到工作，也在后世被当作战争、商战所推崇的经典著作。很多人很难想象到，在《孙子兵法》里面，第二篇《作战篇》用了整整一篇来讲述战争有多么“费钱”。

在作战篇,孙子开篇就说“凡用兵之法,驰车千驷,革车千乘,带甲十万,千里馈粮。则内外之费,宾客之用,胶漆之材,车甲之奉,日费千金,然后十万之师举矣。”

翻译过来就是,打仗除了会死人,还要花很多钱:搞部队要花钱,搞后勤也要花钱;给部队送粮食要花钱,搞外交也要花钱;招揽宾客要花钱,弄装备也还是要花钱!

可以看到,孙子虽然没有成为国君,但是已经能够站在国君的角度思考问题了。而且,正是通过对于战争成本的绝对重视,孙子展开了一系列思考。

1. 现金流思维

“善用兵者,役不再籍,粮不三载,取用于国,因粮于敌,故军食可足也。”对于战争而言,士兵的粮食就相当于企业的现金流,孙子重视战争的粮食供给,建议能够“因粮于敌”,从而获得稳定的现金流量。

2. 成本思维

“夫用兵之法,全国为上,破国次之;全军为上,破军次之;全旅为上,破旅次之;全卒为上,破卒次之;全伍为上,破伍次之。是故百战百胜,非善之善者也;不战而屈人之兵,善之善者也。”由于战争成本的存在,孙子在战争中,并不是以百战百胜当作战争的最高胜利,而是把不战而胜当作最了不起的胜利,这是要求以最小的投入换取最大产出的财务思维典范。

3. 投入产出思维

“相守数年,以争一日之胜,而爱爵禄百金,不知敌之情者,不仁之至也,非人之将也,非主之佐也,非胜之主也。”孙子虽然重视成本,但是也认为,该花钱的地方,一分也不能节省。比如打仗的时候,情报就是获取胜利的重要保证,这是必须要花出去的钱,而且要花大钱。

我们可以看到,孙武作为一个合格的“职业经理人”,给所有的职场工作者树立了一个非常好的标杆,对于每一个职场工作者来说,都应该像孙子替国君关注他最关注的点一样,修炼成一个能够换位思考、站在老板角度想问题的人。

三、职场工作者应当具备的三种财务思维

具体来说,职场工作者应该要培养以下三种财务意识的思维能力。

1. 经营思维

经营企业其实就像个人经营一样(这个和我们在前面提到的青年小文故事的逻辑是一样的),企业在获取收入以后,就要面临各种各样的开支:要支付供应商成本,要支付市场费用,要支付房租水电,要支付员工薪酬,要缴纳各种税金,要购买各种设备等,每一样都需要花钱。同时,每个职场工作者就像小文一样,自己拿到工资以后就各种支付房租、还信用卡、购买生活用品等。因此,职场工作者只需要真正结合自己的亲身实践,是很容易理解企业管理者的做事逻辑:当你想节省成本的时候,可能原本准备购买 15 元的醋,变成只购买 10 元的醋;而同样地,当企业控制开支的时候,可能就会把摆在休息室的咖啡机给拿走了。

2. 现金流思维

我们说过企业的现金流是企业生存发展的底线,其实对于个人也是一样,如果职场工作者迟迟拿不到自己的工资,那么就有可能出现资金危机,还不上房贷、车贷,甚至没有钱买基本的三餐和生活用品,所以同样的推己及人,职场工作者也自然比较容易理解企业管理者在现金流上的谨慎。

3. ROI(投资回报率)思维

相对来说,对于投入产出效率的重视,个人的经验则是远不如企业的。个人在消费的时候,除了少数相对比较理性的人,很多时候并不是会考虑这笔钱花的是否值得,但企业经营过程中这种情况比较少见,企业所有的支出都指向一定的回报,只是看最终具体的产出回报是否达到了最初的预期。因此培养 ROI 思维,不仅更利于职场工作者贴近老板思维,对于其个人的消费思维也有比较好的促进作用。

作为职场工作者,应该要有财务意识。只有充分理解企业的基本运作逻辑,你的思维才不至于走偏,才有可能得到老板的赏识,从而得到更好的发展。

生活中的财务思维——卓越生活的管理工具

在开始本节学习前,我们先快速思考三个关键的小问题。

(1)什么是基于财务报表的个人和家庭的资产管理?

(2)什么是基于财务报表的个人和家庭的创收和理性消费?

(3)什么是基于财务报表的个人和家庭的现金流管理?

通过前面的学习我们发现,个人投资者可以用财务报表丈量企业好坏,企业管理者可以用财务报表管理企业运营,职场工作者可以用财务报表提升职业表现,但是,对于一个普通的个体来说,既不投资,也不管理企业,非上班的很多时间自己的生活也与工作没有什么交集。那么,这样一个普通的个人生活者,是不是就和财务报表完全没有关系呢?

事实上并不是这样的,每一个人,总会拥有一部分时间、金钱、资产或资源可以"投资管理"。因此,个人生活者其实是财务报表的第四重要的用户,只是自己感知不强罢了。

前面我们说到青年小文生活的时候,可以发现从我们熟悉的个人生活者的日常,是可以推导出财务报表的逻辑,这其实也说明了,我们完全可以反过来用三张报表来管理个人和家庭的财富。

一、个人和家庭的资产管理

首先,我们可以用资产负债表的逻辑,把个人和家庭的资产管理起来。

(1)建立个人和家庭的资产管理体系和数据监控。

资产负债表包括流动资产、非流动资产、流动负债、非流动负债和所有者权益,我们在进行个人和家庭的资产管理的时候,也可以参照比较,设立现金和现金等价物资产(现金、银行活期和定期存款、货币市场基金等)、非现金金融资产(通常理财相关的如股票、保险、债券、基金等)、实物资产(房、车、珠宝首饰、耐用消费品、收藏品等)、短期负债(信用卡欠款、待支付生活费、到期欠款的本息等)、长期负债(房贷、车贷、各种消费贷和抵押贷等)以及个人和家庭净资产(个人和家庭总资产扣除总负债剩余的部分)。要知道有不少个人生活者,可能一直回答不了一个问题——自己到底有多少净资产?而利用财务报表的学习和应用,则可以对个人和家庭的资产状况进行管理和数据监控。

这其中,有一点需要注意,我们不要简单地以资产取得时的成本作为资产估值,而是要依据市值做调整后反映出真实的价值来计算;同时为了保守起见,还可以把固定资产的市场价值按 9 折甚至 8 折进行压力测试,从而计算得到个人和家庭的总资产。

(2)控制资产结构和资产负债率,维护个人和家庭资产的健康度。

类似企业的情况,个人和家庭也要对资产的健康度进行管理,这主要是两个方面,一是避免以实物资产为代表的固定资产比例过高,因为这意味资产的流动性太低,可能稍微有一些事情需要钱就很难周转开来,并且这样的话个人和家庭的生活质量也会受到影响;二是个人和家庭资产负债率的控制,通常来说,如果个人和家庭资产负债率是低于 30% 的,则属于资产健康的范围;如果高于 30% 且低于 50%,就要引起重视,需要优化;而如果超过了 50%,那就是比较危险的情况,需要好好处理。一旦某些消费或者投资行为有可能带来使资产负债表大幅增长超过 30%,这笔资金支出也要十分谨慎。

(3)不断提升净资产水平,使个人和家庭资产不断累积。

通常而言,个人和家庭的资产需要能够不断的保值增值,净资产的水平需要能够不断提升。个人生活者一定要定期进行自我审视,提升资产规模和结构,进而使自己和家人的生活更加有序,退休生活更有保障。

二、个人和家庭的收入与消费管理

对于个人生活者而言,要想不断提升净资产的水平,主要的方式就是增收和节支。

从增收来看,除了工作之外,还可以通过副业、投资、创业等方式增加。

从节支的角度来看,有一个比较有名的“4321 法则”,即将 40% 的收入用于房产和其他方面投资,30%的收入用于个人和家庭日常生活开支,20%的收入用于银行存款以备应急之需,最后10%的收入用于保险。

这个配置法,其实提示了我们非常重要的一个朴素的真理:钱赚来以后,并不是要全部花掉的(生活开支的钱),而是要有“积累”(投资的钱),还要有“保障”的(应急和保险的钱)。当然,这个比例可以因人而异。

三、个人和家庭的现金流管理

通常来说,我们需要准备3到6个月的个人和家庭支出作为应急资金,因为很多人过着“房奴”“孩奴”“卡奴”等高负重的生活,表面上看,有着不错的工作和薪水,但一旦面临突发状况甚至黑天鹅事件(例如社会发生广泛性疾病、工作和家庭突发意外或事故、突然中年失业以及个人和家庭成员突发疾病等状况发生),如果没有一点现金储备的话,房/车贷款、养育孩子、生活费等刚性支出会给生活带来严重打击,这就好比一个看起来经营良好的企业,一旦资金链断裂,就会面临经营困境,甚至倒闭。

综上所述,财务报表的学习,对于个人投资者、企业管理者、职场工作者和个人生活者都是非常有帮助的,我们应该好好学习并加以应用,才可能在未来的某个时间,真正过上财务自由的快乐生活。

后　记

愿您心中有梦想，手里有珍珠

亲爱的读者朋友，您好！

如果有幸能让您看到这里，我很好奇您对书中的内容是否还有些许印象：

您是否认同学习财务应该是一个有趣的过程，学好它是有方法的，学会它对我们的工作和生活也是非常有用的？

您是否记得上进的北漂青年小文的奋斗、生活、恋爱和成长四个故事，是否也会想起自己努力奋斗拼搏时的模样？

您是否记得利润表的“创造四利”、现金流量表的“123”、资产负债表的“流非流资产都是资产，流非流负债还加权益”，以及所有者权益变动表的“三步骤”？

您是否记得我们应该要如何去分析上市公司的财务报告？

您是否记得企业财务分析的成长、偿债、盈利和运营四大能力？体现这些能力的核心指标是什么？

您是否记得个人投资者、企业管理者、职场工作者和个人生活者，每一种不同角色在进行财务分析的时候，都应该注意什么？

我在想，如果以上问题您多多少少还能回想起一些，那么相信这本书也多多少少对您有了一些帮助。

在我看来，一个人如果想要在事业上所有成就，尤其是要投资、创业或担任管理层，那么财务知识和财务分析都是不可或缺的，财务能力也许不能直接让您拿到通往财富自由的神奇密码，但它一定是您成功项链上必不可少的一颗珍珠。

相信好学的您一定还会学习很多很多财务方面的书，但我非常希望这本书可以有幸成为财务这颗珍珠里的一块碎片，它能帮您看到学习财务的美，学习财务的趣，学习财务的价值和学习财务的方法。如果真能起到一丝这样的作用，那我真是感到万般荣幸了。

最后，亲爱的读者朋友，我要祝福您，相信积极上进的您一定能够驾驶梦想的小船，在未来的日子乘风破浪，找到属于自己的 One Piece！

编　者

读者意见反馈表

亲爱的读者：

感谢您对中国铁道出版社有限公司的支持，您的建议是我们不断改进工作的信息来源，您的需求是我们不断开拓创新的基础。为了更好地服务读者，出版更多的精品图书，希望您能在百忙之中抽出时间填写这份意见反馈表发给我们。随书纸制表格请在填好后剪下寄到：北京市西城区右安门西街8号中国铁道出版社有限公司大众出版中心 王宏 收（邮编：100054）。此外，读者也可以直接通过电子邮件把意见反馈给我们，E-mail地址是：17037112@qq.com。我们将选出意见中肯的热心读者，赠送本社的其他图书作为奖励。同时，我们将充分考虑您的意见和建议，并尽可能地给您满意的答复。谢谢！

所购书名： ______________________________

个人资料：

姓名：____________ 性别：__________ 年龄：__________ 文化程度：______________

职业：____________________ 电话：________________ E-mail：____________________

通信地址：____ 邮编：____________________

您是如何得知本书的：

□书店宣传 □网络宣传 □展会促销 □出版社图书目录 □老师指定 □杂志、报纸等的介绍 □别人推荐

□其他（请指明）______________________________

您从何处得到本书的：

□书店 □邮购 □商场、超市等卖场 □图书销售的网站 □培训学校 □其他

影响您购买本书的因素（可多选）：

□内容实用 □价格合理 □装帧设计精美 □带多媒体教学光盘 □优惠促销 □书评广告 □出版社知名度

□作者名气 □工作、生活和学习的需要 □其他

您对本书封面设计的满意程度：

□很满意 □比较满意 □一般 □不满意 □改进建议

您对本书的总体满意程度：

从文字的角度 □很满意 □比较满意 □一般 □不满意

从技术的角度 □很满意 □比较满意 □一般 □不满意

您希望书中图的比例是多少：

□少量的图片辅以大量的文字 □图文比例相当 □大量的图片辅以少量的文字

您希望本书的定价是多少：

本书最令您满意的是：

1.

2.

您在使用本书时遇到哪些困难：

1.

2.

您希望本书在哪些方面进行改进：

1.

2.

您需要购买哪些方面的图书？对我社现有图书有什么好的建议？

您更喜欢阅读哪些类型和层次的书籍（可多选）？

□入门类 □精通类 □综合类 □问答类 □图解类 □查询手册类

您在学习的过程中有什么困难？

您的其他要求：